PSICOLOGIA NERA E MA-NIPOLAZIONE MENTALE

6 libri in 1: Scopri tecniche proibite della Psicologia nera, Manipolazione mentale, PNL, Persuasione, Terapia cognitivo-comportamentale, Intelligenza emotiva

SAMUEL GOLEMAN

Avviso di esclusione di responsabilità

Le informazioni contenute in questo libro sono destinate esclusivamente a scopi educativi e di intrattenimento. È stato fatto ogni sforzo per presentare informazioni accurate, aggiornate, affidabili e complete. Non viene fornita o sottintesa alcuna garanzia di alcun tipo. I lettori riconoscono che l'autore non si occupa di fornire cure mediche perché non ha una formazione medica.

INTRODUZIONE

La psiche umana è affascinante. Ci permette di essere consapevoli di noi stessi e degli altri. Questo aspetto rende la componente nera. È proprio di questo che ci occupiamo in questo libro: del lato oscuro della psicologia umana. L'evoluzione razionale ha reso il nostro cervello uno strumento che ci permette di usarlo sia nel senso più altruistico che in quello più perverso che si possa immaginare.

A differenza di tutte le altre specie del regno animale, l'homo sapiens ha la sua arma principale nell'intelligenza. Per un branco di leoni della steppa africana, la caccia è una questione di mera sopravvivenza, che permette alla loro specie di rimanere in cima alla piramide alimentare.

Nel caso degli esseri umani, la componente morale ed etica fa sì che questo atto abbia conseguenze inimmaginabili, sia religiose che sociali. Gran parte della legislazione e delle norme sociali che abbiamo nelle nostre organizzazioni attuali provengono dalla parte più evoluta della corteccia cerebrale; lo strato inferiore, più elementare, è quello del rettile, che vede l'altro solo come preda per soddisfare i propri bisogni.

Questo libro analizza nel dettaglio i processi psicologici di una minima parte dei membri della nostra specie che presentano un particolare inquietante: hanno scarsa empatia per gli altri. Negli ultimi anni la psicologia ha fatto passi da gigante nello studio dei meccanismi della mente degli esseri umani che presentano una componente di perversione superiore al resto.

La cosiddetta triade nera della psicologia analizza le menti delle persone che usano la loro intelligenza come strumento di potere per manipolare, abusare, usare e umiliare il resto degli esseri umani. In giro ci sono molti manipolatori, narcisisti, bugiardi, machiavellici e psicopatici.

Nel corso di questo libro imparerete a identificarne i tratti principali, le strategie di manipolazione comportamentale e verbale, in modo da poter utilizzare gli strumenti mentali della personalità manipolatrice come proprio metodo di difesa.

Va da sé che questo libro non sostituisce le conoscenze di un professionista nel campo della psicologia o della psichiatria. Attraverso i capitoli di Psicologia nera e manipolazione, imparerete come e in che modo venite manipolati dalle personalità della triade nera, narcisisti, machiavellici e psicopatici. Riconoscerete anche alcuni dei casi più noti di personaggi storici, come politici e serial killer, che hanno usato la loro intelligenza perversa per raggiungere i fini che cercavano, spinti dalla loro natura predatoria.

Vi ringraziamo per la fiducia accordataci nell'acquisto di Psicologia nera e manipolazione e ci auguriamo che diventi un supporto per guidarvi e aiutarvi a superare il trauma lasciato dal rapporto con queste menti umane perverse e piene di oscurità.

CAPITOLO 1: CARATTERI-STICHE DELLA PSICOLOGIA NERA E DELLA MANIPOLA-ZIONE MENTALE

1.1 Cos'è la manipolazione mentale e come individuarla?

Il modo in cui le personalità della triade nera ottengono ciò che vogliono dagli altri è attraverso le varie tecniche di manipolazione mentale. Ma perché molte persone intelligenti cadono nelle trappole tese da questo tipo di personalità? Si tratta di tre tipi di emozioni fondamentali, che rendono deboli coloro che le provano: la paura, il senso di colpa e la compassione.

Il manipolatore si serve principalmente del linguaggio verbale - anche se in molte occasioni è anche non verbale -, inducendo la vittima a mettere a nudo i suoi sentimenti più nobili per attaccare, così come fa un predatore con la sua preda, che sta pedinando da molto tempo e che conosce perfettamente. Molti gesti e atteggiamenti della vittima sono stati studiati in dettaglio dal manipolatore, attraverso domande e altre prove che gli permettono di conoscere i punti deboli di questa personalità rispetto alle altre. Purtroppo per il manipolatore, non tutte le prede sono facili; a volte il suo tentativo di manipolare e ottenere ciò che voleva non ha funzionato nel modo migliore.

A volte l'aggressore si mostrerà comprensivo e gentile con la sua vittima a tal punto che quest'ultima si renderà conto solo quando sarà troppo tardi di aver abboccato all'esca. L'esempio del mondo naturale è illuminante a questo proposito: il grande predatore di solito insegue la sua preda nel mezzo dell'oscurità o nel momento in cui è più vulnerabile. Quando si lancia verso la preda per afferrarla alla gola, è troppo tardi e non c'è molto da fare.

È qui che risiede il valore di questo libro: conoscendo i meccanismi di manipolazione preferiti dall'aggressore, sarà possibile reagire. Proprio come in guerra, quando una delle due parti reagisce, con gli elementi che apprenderete in questo libro sarete in grado di agire per evitare di cadere vittime di questi predatori psicologici ed emotivi.

Per entrare nel dettaglio, analizzeremo ciascuno di essi e vedremo quali meccanismi muovono nella mente della vittima e del carnefice. Grazie a questi meccanismi, la mente della vittima sarà più facile da plasmare ai capricci del manipolatore; più la vittima è vulnerabile, più potere avrà il carnefice.

La paura

Come meccanismo primario di conservazione della specie, la paura ci rende particolarmente vulnerabili. Esistono diversi tipi di paura; tutti sono espressione della parte meno razionale del nostro cervello, degli strati che conservano ancora parte dell'eredità rettiliana nei nostri corpi di mammiferi.

La paura più elementare è quella della scomparsa fisica o della morte. Di fronte a questa paura, la vittima può essere molto vulnerabile. La manipolazione da parte dell'autore del reato può avvenire in molti modi: facendo credere alla vittima che in qualche modo minaccerà la sua integrità fisica o quella di uno dei membri più stretti dell'ambiente intimo; è anche possibile che le minacce non siano affatto fisiche, cioè che abbiano a che fare con la reputazione o il buon nome di una persona, che viene esposta alla pubblica gogna, cosa molto comune al giorno d'oggi attraverso le diverse piattaforme e applicazioni di Internet.

C'è anche la paura di perdere un lavoro, una relazione sentimentale, un'amicizia o qualsiasi altro fattore che permette di abbassare la guardia di fronte a queste personalità oscure e manipolatrici. In molte organizzazioni religiose o pseudo-spirituali, questo comportamento è comune. Di fronte al rifiuto di fare ciò che il leader dice, la vittima può fare poco e finisce per cedere alle richieste del manipolatore. Queste possono andare dall'estorsione, all'abuso sessuale, all'abuso psicologico, alle minacce, al rapimento, ecc.

Spesso la paura di una conseguenza astratta e non concreta, come una punizione divina o una maledizione, porta le persone a commettere azioni che altrimenti non farebbero. Identificare il tipo di paura e il motivo che spinge la vittima a cedere alla volontà del manipolatore è un fattore chiave per poter iniziare a ottenere il controllo su questo tipo di personalità oscure.

Senso di colpa

Un fattore non meno importante per diventare vittima di manipolazione è il senso di colpa. La sensazione di essere obbligati a soddisfare gli altri per sentirsi bene con sè stessi è qualcosa che le personalità manipolatrici e della triade nera sfruttano molto bene. Alcune persone che si considerano essenzialmente buone sentono di avere l'obbligo di fare qualcosa per gli altri. L'altruismo, la filantropia e l'assistenza compassionevole ai bisogni degli altri fanno parte dei codici morali di molte religioni e dottrine spirituali.

Aiutare gli altri in modo disinteressato fa parte dell'empatia e della compassione umana e rende possibile la costruzione di società. Tuttavia, per la mentalità dei manipolatori, questo è uno strumento perfetto per gestire la mente e la volontà delle loro vittime. Consigliare agli altri di migliorare o di fare qualcosa per il proprio beneficio è un compito lodevole attraverso il quale molti professionisti come medici, psicologi, consulenti e terapeuti riescono a dare un sostegno sincero a chi ne ha bisogno.

Ma per la mente dei manipolatori, questo tratto empatico diventa qualcosa di sfruttabile, che permette loro di analizzare le vulnerabilità delle loro potenziali vittime. Calpestare le persone, senza la minima compassione o considerazione, per soddisfare i propri desideri, fa parte della mentalità utilizzata da queste personalità della triade nera.

- Certo, capisco; mi sono messo nei tuoi panni.

- So cosa stai provando in questo momento

- Anch'io ho vissuto quello che state vivendo voi

11

- Perché so come ti senti, per questo voglio aiutarti.

Queste sono alcune delle frasi attraverso le quali il manipolatore cerca di entrare nella mente della sua vittima per entrare in empatia con lei e ottenere la sua fiducia.

La maschera indossata dalla personalità manipolatrice riflette l'empatia, anche se in realtà è tutta finta: non è affatto interessato ai problemi o ai bisogni della sua potenziale vittima; sta solo fingendo, fingendo come un serpente velenoso potrebbe fingersi morto per sferrare il morso fatale alla sua preda, che si avvicina per annusarlo e confermare che non si muove davvero. È frequente che le vittime si riferiscano in seguito ai loro autori psicopatici narcisisti e manipolatori come a persone che non avevano un luccichio negli occhi o che avevano uno "sguardo da serpente" sul loro volto inespressivo.

Le personalità colpevolizzate ed empatiche non riescono a capire come qualcuno sia incapace di mettersi nei loro panni e di mostrare il minimo accenno di compassione per gli altri. È qualcosa che non riescono a elaborare nella loro mente e che li perseguita per molto tempo. Il tipo di trauma che segue una relazione con una di queste personalità è simile a quello vissuto da molti veterani di guerra. Lo stress post-traumatico impedisce alle vittime di tornare a una vita piena e di poter voltare completamente pagina e andare avanti; impedisce loro di avere fiducia nelle buone intenzioni o nelle espressioni verbali di compassione delle nuove persone con cui interagiranno in futuro.

1.2 Come si possono identificare le personalità manipolative?

Non tutti i tipi di personalità manipolativa riescono a raggiungere i loro obiettivi. Se un manipolatore fallisce in uno dei tratti caratteristici della tipica personalità manipolativa, è improbabile che riesca a ottenere ciò che vuole dalla sua preda. I tre tratti principali che caratterizzano il tipico tipo di personalità manipolativa sono:

- Dissimulare o mascherare le reali intenzioni di aggressione verso gli altri.

- Conoscere i punti deboli della vostra potenziale vittima studiando ciascuno dei suoi principali fattori di vulnerabilità.

- essere inclini alla crudeltà nei confronti delle loro vittime; non risparmiare alcun tipo di compassione nei confronti delle loro vittime per quanto riguarda la loro violenza psicologica, fisica o verbale.

Una personalità manipolatrice ha un programma specifico per ciascuna delle sue prede, in base a ciò di cui ha bisogno. Una volta raggiunto il suo obiettivo, scarterà quella persona nello stesso modo in cui si scarta un bicchiere di plastica una volta finito il cibo. Un manipolatore di successo non ha scrupoli. Il manipolatore crea una categoria per questa e per la prossima vittima. Per riuscirci deve conquistare la fiducia completa e assoluta della sua preda; sarà pronto a sostenerla, ad ascoltarla, a dedicarle tutta la sua attenzione affinché la sua vittima si senta a suo agio.

13

Uno dei principali investimenti che il predatore deve fare riguarda il tempo necessario per conoscere i principali tratti deboli della vittima. Il manipolatore si annota ogni volta che parla o incrocia le parole con la sua vittima: cosa gli piace fare? Quali sono i sentimenti che lo sopraffanno e lo rendono più vulnerabile? Quanta empatia ha? È abbastanza perspicace da accorgersi di essere manipolato? Ha tratti altruistici? Si preoccupa di cause giuste come gli animali, l'ambiente o l'uguaglianza sociale?

Si potrebbe paragonare il conduttore a ciò che fa una pianta carnivora con la sua preda: si avvicina per i suoi colori vivaci e gli odori che emana. L'insetto sentirà di trovarsi in un luogo confortevole, proprio come noi potremmo sentirci a nostro agio in un bel ristorante di lusso, dove siamo a nostro agio. Una volta caduta la preda, sarà troppo tardi quando verrà catturata dalle fauci della pianta carnivora. Ecco cosa fa una personalità manipolatrice quando la sua vittima è caduta: la afferra per il collo e non può più scappare. Sarà troppo tardi per la preda, anche se i suoi amici e confidenti lo hanno avvertito mille volte della personalità inquietante di questo essere così affascinante e di cui parlava tanto, vedendone solo gli aspetti positivi.

Se si tengono a mente questi tre tratti principali delle personalità manipolatrici, si può iniziare a capire i meccanismi che utilizzano per ottenere la fiducia delle loro vittime ed evitare di cadere nelle loro trappole psicologiche.

2 - I FONDAMENTI DELL'INGANNO: COME VENIAMO INGANNATI

Sebbene la manipolazione sia analoga all'inganno, esistono differenze radicali tra i due. La prima, cioè la manipolazione, è di solito molto più sottile dell'inganno. Chi viene manipolato raramente si sente vittima del manipolatore; l'inganno, invece, è un po' più crudo e palese. Tuttavia, quando l'esecutore è una mente della triade nera, è molto probabile che la vittima non sia consapevole degli impercettibili meccanismi di attuazione dello stratagemma per raggiungere il fine (da qui l'inclusione del machiavellismo nella triade nera).

Per capire la differenza, utilizzeremo l'analogia di una campagna di marketing. Sappiamo bene che nelle strategie di marketing è comune l'uso della manipolazione per ottenere l'effetto diretto. Far sì che l'acquirente compri il prodotto pubblicizzato è ciò che rende una buona campagna di successo. Prima di tutto, è necessario attirare l'attenzione dell'acquirente sul prodotto.

Il primo passo per ottenere questa persuasione è l'uso del linguaggio verbale. In questo modo, il pubblicitario fa la sua prima incursione nel cervello del potenziale acquirente. Per ottenere l'acquisto, nel corso della pubblicità sentiremo frasi simili a queste:

- Questo prodotto cambierà la vostra vita.

- Quando l'ho provata non pensavo che avrei mai voluto cambiare marca.

- All'inizio ero scettica. "Perché spendere per un altro prodotto quando ne ho già uno che uso da sempre?", ho pensato, finché non l'ho provato. È stato incredibile...

La psicologia del marketing afferma che se il linguaggio persuasivo è usato bene, la manipolazione è molto più efficace di quella diretta e aggressiva. Anche le campagne politiche fanno spesso uso della manipolazione attraverso il linguaggio verbale:

- Cambieremo il corso del paese

- Unitevi a noi per rendere possibile l'impossibile insieme.

- Faremo la storia come squadra

Grazie all'uso del plurale, il destinatario del messaggio si sente incluso nel messaggio, sente di essere parte di qualcosa o che il leader politico lo tiene in considerazione e si rivolge sempre a lui. Questi sono due modi per mostrare le strategie di manipolazione che i responsabili del marketing utilizzano per manipolare il linguaggio (di solito si parla di persuasione, perché suona molto meno politicamente scorretto).

I manipolatori sono spesso particolarmente abili nell'usare il linguaggio per raggiungere i loro scopi. Questa è la personalità manipolatrice della triade nera: machiavellica, narcisistica, sociopatica ed estremamente egoista. Esse spesso apprendono rapidamente le abilità psicologiche attraverso una verbalizzazione sofisticata, che fa sentire le loro vittime a proprio agio.

16

L'uso del plurale "noi", "insieme", "lo faremo", "dai", "io e te", così come: "sei molto importante per me", "ti amo molto", "sei la persona più speciale della mia vita", ecc. sono spesso frasi efficaci che usano per ottenere ciò che vogliono.

Sebbene le parole in sé non abbiano un peso sufficiente per realizzare la strategia di manipolazione, è il loro contesto emotivo che spinge le potenziali vittime a cedere alla volontà dell'autore.

Sebbene il tema della psicologia nera e delle tecniche di manipolazione mentale stia diventando sempre più popolare, la psicologia lo studia fin dagli anni Settanta. Uno dei ricercatori che alla fine degli anni '70 ha analizzato l'influenza delle strategie del manipolatore sulle sue vittime, Richard E. Petty[1] , ha analizzato come le vittime che erano state preventivamente avvertite dei pregiudizi cognitivi del manipolatore fossero molto meno vulnerabili rispetto a quelle che avevano minimizzato il processo di manipolazione da parte del manipolatore attraverso le sue parole e azioni.

Un altro pregiudizio manipolativo comune è quello noto in psicologia come Regola della reciprocità, che consiste nel sentirsi moralmente obbligati a restituire una buona

---

1 Richard E. Petty, John T. Cacioppo. IL MODELLO DI PROBABILITÀ DI ELABORAZIONE DELLA PERSUASIONE. Copyright 0 1986 by Academic Press. Inc. Pp 181. https://richardepetty.com/wp-content/uploads/2019/01/1986-advances-pettycacioppo.pdf

17

azione ricevuta da qualcun altro. Ciò significa, in parole povere, essere in debito con qualcuno che ci ha fatto un favore.

Questa regola della reciprocità è molto comune nel marketing e, ovviamente, viene utilizzata dai manipolatori e dalle personalità della psicologia nera per ottenere risultati di grande efficacia.

È comune che l'autore del reato si offra di aiutare in modo disinteressato per ottenere ciò che cerca dalla sua vittima. Essere disponibile, ossequioso e smodatamente gentile con un'altra persona è un tratto comune del manipolatore per raggiungere l'obiettivo finale, ed è per questo che è interessato ad andare così lontano per beneficiare un'altra persona. Questo, ovviamente, all'inizio, perché la maschera prima o poi cade.

Questa strategia di manipolazione è stata valida nel corso della storia, in contesti diversi. Durante le guerre e i conflitti internazionali, le spie che hanno estratto informazioni preziose dalla parte avversa hanno usato indiscriminatamente la strategia della Regola della Reciprocità. "Se io do a te, tu dai a me" potrebbe essere il motto appropriato per questo tipo di strumento psicologico. L'autore del reato racconterà mezze verità o lascerà che le parole escano dalla sua bocca nel tentativo di far cedere la vittima a poco a poco, attraverso lusinghe, adulazioni, lodi e gentilezze, fino a vincere la sua resistenza psicologica.

Le evasioni nel discorso verbale con deviazioni, cambi di argomento e di interesse, come ad esempio durante un primo incontro casuale davanti a un caffè, mostrando una profonda vulnerabilità raccontando aneddoti intimi o recitando un piccolo ruolo drammatico con finti pianti e singhiozzi per smuovere la resistenza della preda, hanno spesso successo a seconda del livello di empatia di chi viene manipolato.

Testimonianze reali di manipolazione

Mi chiamo Janet. Vivo a New York e ho trent'anni. Lavoro come commissionaria da circa otto anni. Nel mio lavoro incontro molte persone. Ho sviluppato competenze sociali che mi permettono di avere un'idea molto più precisa delle persone senza scrupoli o tossiche, come le personalità dalla psicologia nera, i narcisisti o i manipolatori. Pochi anni fa mi è capitato di avere a che fare con una persona di questo tipo, che chiamerò John.

L'ho conosciuto durante una festa organizzata da Cris, un mio amico.

-Janet", disse entusiasta, "devi venire alla festa: voglio farti conoscere un ragazzo fantastico. È arrivato a New York da solo e in meno di un anno ha aperto la sua azienda; guadagna quasi mezzo milione all'anno.

Mezzo milione? Pensavo che Cris esagerasse, perché per stabilirmi in città ho dovuto fare diversi lavori pesanti per quasi tre anni. Questa "impresa" suscitò il mio interesse per John.

Quando l'ho incontrato quella sera, devo dire che sono rimasta impressionata. Indossava un impeccabile abito scuro, con gemelli e una cravatta molto elegante. Le sue scarpe erano italiane e la sua barba era acconciata con sobrietà e grande stile. Emanava un'aura di sensualità e raffinatezza. Quando iniziai a parlare con John, mi sorpresi del fatto che fosse così preparato su così tanti argomenti e parlava diverse lingue.

"Quando ho chiesto a John della sua attività, mi ha detto che si trattava di un progetto di ingegneria sociale per analizzare le tendenze statistiche. Era una cosa che mi appassionava, quindi, ogni volta che me ne parlava, mi entusiasmavo. Ora che ricapitolo, mi rendo conto che mi stava analizzando; ero una specie di insetto che guardava sorridendo al microscopio. Ho sottovalutato la sua acutezza mentale.

È così che sono stata coinvolta in una relazione con John. Devo dire che non mi piaceva affatto, ma ciò che mi affascinava era la sua intelligenza e la sua capacità di far decollare i progetti. Quando abbiamo iniziato a fidarci sempre di più l'uno dell'altro, mi ha lanciato una notizia bomba.

-Janet", ha detto durante una cena in un ristorante esclusivo, "voglio che tu sia coinvolta nel progetto. Ora che le elezioni si avvicinano, voglio che tu faccia parte dell'azienda.

Ero entusiasta, perché John aveva una grande capacità psicologica di leggere tra le righe del comportamento e dell'espressione non verbale. Gli dissi che mi sarebbe piaciuto far parte della sua vita e dei suoi progetti. È così che ho accettato di entrare in affari.

-Ma devo dirti una cosa", John fece una faccia truce, facendo uno dei suoi tipici gesti quando mentiva per manipolarmi, "se non ti dispiace concedermi un prestito di

250.000 dollari, così posso concentrarmi sul progetto. Devo pagare i soldi ai progettisti del software... Ma ti pagherò il doppio entro due mesi.

Ogni volta che John parlava, cadevo in una sorta di incantesimo, un'ipnosi che mi faceva credere a ogni sua parola, anche se sosteneva di poter camminare sull'acqua.

Un paio di giorni dopo la cena, ho versato sul conto l'importo richiesto. John mi fu molto grato. Mi disse di festeggiare quella sera, ma avevo molto lavoro da fare. Poiché non potevamo vederci, mi disse che quella sera sarebbe partito per Vancouver, ma che sperava di vedermi tra meno di due settimane.

"Sei molto speciale per me: ti amo", ha scritto nella didascalia dall'aeroporto in quella notte di neve che non dimenticherò mai.

Cosa è successo a John? Beh, dopo quella volta non l'ho più visto. Mi ha bloccato da tutti i suoi social network e ha cambiato numero di telefono. Quando ho incontrato Cris, era molto dispiaciuto per me, tanto da voler nascondere praticamente la testa sotto terra come uno struzzo. Mi confessò che un suo amico di Vancouver gli aveva detto di aver saputo che John aveva truffato almeno una mezza dozzina di donne facoltose. Non fu mai più visto in città.

John era l'epitome dell'uomo bello, narcisista, manipolatore e megalomane".

21

3 - BASI PSICOLOGICHE DELLA MANIPOLAZIONE E DELLA TRIADE NERA

Per capire meglio come funzionano i meccanismi psicologici di manipolazione all'interno delle personalità della triade nera, è necessario andare alla loro radice. Come abbiamo visto, ci sono elementi, azioni e schemi che indicano che siamo manipolati da una personalità della triade nera che sta cercando di manipolarci, o che ci ha già manipolato, fino al momento in cui ci siamo resi conto di essere manipolati.

3.1 Che cos'è il machiavellismo?

L'espressione machiavellismo ha la sua origine principale nella figura di Niccolò Machiavelli (1469-1527), scrittore e diplomatico italiano, divenuto famoso per un trattato intitolato "Il Principe", in cui l'autore spiegava in dettaglio i principali fattori che portavano al raggiungimento del potere attraverso mezzi poco ortodossi.

In quest'ordine, il machiavellismo potrebbe essere definito come una serie di tattiche per raggiungere il fine necessario attraverso strategie di manipolazione, inganno e persuasione psicologica. Ma, a differenza della manipolazione (discussa nel capitolo precedente), il machiavellismo non si concentra tanto sul controllo e sull'inganno attraverso le emozioni, quanto piuttosto su un'analisi cognitiva e intellettuale. Ciò significa che la personalità machiavellica analizza sempre freddamente il modo migliore per trarre vantaggio dalla sua vittima.

È per questo motivo che, soprattutto i grandi leader politici della storia, hanno dovuto ricorrere al comportamento machiavellico per farsi strada. È stato giustamente detto che la politica è l'arte dell'inganno; ma è anche una delle principali aree di lavoro e di analisi di questo tipo di personalità, in quanto i politici professionisti di solito mostrano un grande controllo delle emozioni attraverso il linguaggio verbale e non verbale, al fine di raggiungere alti livelli di successo nel loro compito di leadership.

La personalità machiavellica è priva di qualsiasi molla morale. Ne Il Principe, una delle massime più famose del celebre libro dell'autore fiorentino è: "il fine giustifica i mezzi", che potrebbe essere la sintesi dello spirito dell'opera. Un vero leader non presta attenzione ai dettagli morali, ma prende semplicemente ciò che gli spetta. Ferire i sentimenti e le illusioni degli altri è una semplice conseguenza: così come fare la frittata è una conseguenza dell'aver precedentemente rotto le uova.

Le pratiche delle personalità machiavelliche, come ferire o calpestare gli altri, sono comuni. Questo è uno dei motivi principali per cui le persone troppo empatiche non capiscono come il manipolatore sia riuscito ad avere così poca considerazione di questa o quella persona per raggiungere i suoi scopi: non capiscono questa "atrofia" del sistema emotivo.

Il machiavellico di solito conosce bene i tratti della personalità e il comportamento umano. Proprio per questo non può avere compassione di ingannare, mentire e persuadere gli altri a fare esattamente ciò che lui vuole che facciano. La vittima della personalità machiavellica, per dirla in modo

23

elegante, deve collaborare passivamente per diventare un oggetto, uno strumento e un percorso attraverso il quale, l'individuo con personalità machiavellica, passerà per raggiungere il suo obiettivo finale.

Molti leader politici e sociali hanno mostrato tratti machiavellici. Tra l'elenco dei nomi e delle azioni machiavelliche nel corso della storia, si possono citare i seguenti:

- Caterina de' Medici, che applicò le dottrine del fiorentino per eliminare i protestanti in Francia nella notte di San Bartolomeo.

- Il cardinale Richelieu, che mise le casse della Francia su un piatto d'argento nelle mani dei protestanti per provocare la sconfitta della Spagna.

- John Locke e Adam Smith, che hanno gettato le basi dell'economia liberale, attraverso la stabilità del regime che giustificava, tra l'altro, la voracità della concorrenza del libero mercato tra i commercianti.

- Antonio Gramsci, il leader comunista italiano che, appellandosi a una rivoluzione passiva, puntava alla sollevazione popolare attraverso la sottomissione del popolo

- Ferdinando VII di Spagna che, per mantenere il suo status quo durante i conflitti europei, si avvicinò a Napoleone, a scapito della sua stirpe reale e a tradimento della sua stessa patria.

- Il generale Francisco Franco, che aveva dato prova di machiavellismo prendendo le distanze dalle potenze dell'Asse, della Germania e dell' Italia, che,

24

dopo la loro sconfitta nella Seconda Guerra Mondiale, si avvicinò al governo statunitense per firmare un patto.

3.2 L'egoismo e i suoi meccanismi narcisistici

Le società moderne ci hanno abituato a essere egoisti, in nome del cosiddetto successo individuale. Il culto dell'ego, la competitività e la mancanza di empatia per gli altri fanno sì che il comportamento narcisistico diventi sempre più comune. La personalità narcisistica, tra le sue caratteristiche, ha un alto contenuto di egoismo. È comune vedere sui social network fotografie in cui le persone tendono a vantarsi o a vantarsi del loro stile di vita, dei loro vestiti, delle loro auto, dei loro viaggi, persino dei loro familiari, come se fossero semplici accessori e fossero lì solo in posa per la foto perfetta che hanno creato nella loro mente.

Sebbene esista una componente positiva del narcisismo, soprattutto per aumentare l'autostima e i risultati nonostante le critiche che possono sorgere intorno a noi, quando il comportamento narcisistico diventa una tendenza, assume l'aspetto della tossicità. Le continue richieste del narcisista, la sua personalità megalomane, la sua eccessiva autostima, iniziano a configurarsi come un futuro disturbo di personalità, nelle fasi infantili.

Sebbene ognuno di noi abbia tratti di personalità egoistici, nel narcisista, questi sono chiaramente marcati e spiccano sul resto. Gran parte dell'origine e dello sviluppo del NDPD (Disturbo Narcisistico di Personalità) avviene nell'infanzia; in alcuni casi, i figli di genitori narcisisti mostrano spesso tratti di questo tipo di disturbo, anche se la scienza non ha ancora un'opinione assoluta in merito.

Nella mente di un narcisista, lui o lei sarà sempre al primo posto; il resto dell'umanità non conta: è lì per riconoscere la sua grandezza, l'eccellenza, la bellezza, la perfezione, l'intelligenza e l'eleganza. Il narcisista è come una specie di stella attorno alla quale ruota il resto del suo insignificante sistema planetario . Non potrebbe esistere se la sua personalità luminosa e calda non lo illuminasse e non lo nutrisse con la sua costante presenza.

Il narcisista sarà sempre lì per correggere il comportamento, insegnare, educare, guidare, salvare, condurre, consigliare, istruire, ecc. Vedrà sempre difetti negli altri, ma solo qualità in se stesso. È un essere fatto per essere a prova di difetti, di errori, di bruttezza o di goffaggine. La sua mente è impermeabile alle critiche. Non le ascolta, perché provengono da esseri inferiori, perché è così che li vede e non diversamente. Una persona empatica non potrà mai essere all'altezza della personalità di un narcisista.

Le personalità narcisistiche tipiche sono di due tipi: palesi e occulte.

Personalità aperta:

Questo tipo di personalità narcisistica ritiene che la propria esistenza sia unica e che nessuno possa essere paragonato a lui. L'unico modo per affrontare questo tipo di personalità è la sottomissione: se non vengono venerati, come se fossero una stella o una divinità, allora svaluteranno chi un tempo tenevano in qualche considerazione. La non esistenza sarà la nuova categoria in cui rientreranno coloro che non guardano dall'alto in basso la personalità narcisistica manifesta.

La personalità narcisistica manifesta è generalmente carica di un'energia positiva che è fugace. Si esaurisce rapidamente per il bisogno di attenzione da parte di chi li avvicina. Tende a mostrare un fascino fugace, che svanisce non appena riceve una critica, anche se costruttiva. La loro mancanza di introspezione psicologica è evidente e quindi spesso non rispondono alle osservazioni o alle critiche, come già detto. È comune che siano gelosi nelle relazioni, siano esse lavorative, affettive o commerciali; la loro mancanza di autovalutazione li rende deboli, a causa della mancanza di una vera autostima.

Personalità occulta:

La personalità narcisistica occulta si nasconde sotto una maschera di timidezza o vulnerabilità. Anche se non si può considerare una personalità dominante o prepotente, il narcisista occulto ha una personalità non così forte come quella palese, che si nasconde dietro il velo della modestia. Sa benissimo cosa sta facendo e per questo alterna continuamente superiorità ad atteggiamenti di modestia.

Come parte del loro meccanismo operativo, sono vulnerabili, si lamentano e affermano di soffrire molto, vittimizzandosi costantemente. Non hanno la pelle dura, quindi tendono ad avere una posizione sociale modesta, a passare inosservati all'interno delle strutture gerarchiche di potere, essenzialmente perché non tollerano molto bene le critiche

27

che possono sorgere intorno a loro. Tendono a sentirsi minimizzati quando qualcuno nel loro ambiente immediato ha più potere, carisma o una personalità più forte della loro.

Per questo motivo tendono a usare la pietà e la compassione come meccanismo di controllo; sono consapevoli che esistono norme sociali legali e quindi, in pubblico, cercano di attaccare entro i limiti consentiti da queste norme, ma in privato saranno molto più aggressivi. Tendono a essere sprezzanti, irriverenti e irrispettosi delle gerarchie sociali. Conoscono il loro posto nella piramide sociale; per questo motivo si sentono molto a loro agio nei quadri intermedi, dove possono abusare a piacimento del resto dei subordinati. La nevrosi è uno dei loro tratti caratteristici. Non hanno una forte voce di comando e tendono a essere piuttosto compiacenti e saccenti.

3.3 Tecniche di controllo e manipolazione della mente

Un aspetto interessante della psicologia nera riguarda le tecniche di controllo e manipolazione della mente. Nel corso della storia, ma soprattutto nel XX secolo, quando le scuole di psicologia hanno iniziato ad apprendere come venivano applicate queste strategie di manipolazione, le principali agenzie di sicurezza e di intelligence del mondo hanno fatto lo stesso per risolvere i crimini e analizzare i casi di crimini seriali.

I manipolatori sono molto abili nell'entrare nella mente delle loro vittime, modificando il loro sistema di credenze per convincerle a fare il contrario di ciò che pensano, sia su se stesse che sul mondo. Sebbene l'idea della manipolazione possa sembrare negativa, secondo le tendenze attuali, praticamente tutti gli esseri umani sono manipolati attraverso la cultura, l'educazione e il comportamento sociale fin dalla prima infanzia.

Insegnanti, familiari, amici, colleghi di lavoro o di studio, vicini di casa, partner, ecc. influenzano in un modo o nell'altro la valutazione che abbiamo prima e dopo aver conosciuto le loro opinioni. Queste determinano le nostre azioni, che a loro volta influenzano il nostro futuro, a tutti i livelli: economico, psicologico, lavorativo, accademico, emotivo, sociale, ecc.

In tutti i settori della vita possiamo osservare i meccanismi della persuasione e della manipolazione. Così, un politico manipola i suoi potenziali elettori a votarlo, cercando di cambiare il loro modo di pensare con le sue idee e le sue proposte; i leader spirituali fanno lo stesso con i loro proseliti, usando risorse retoriche per commuoverli, spaventarli o entusiasmarli a seguire gli insegnamenti e i precetti che promuove; i grandi uomini d'affari e gli amministratori delegati di aziende globali usano argomenti di persuasione e di manipolazione per convincere i loro utenti che dovrebbero comprare quel prodotto e non quello dei loro concorrenti.

La mente umana ha un meccanismo che, quando rileva qualcosa che è contrario ai suoi concetti morali o etici, si scontra. Pertanto, quando qualcuno incontra un argomento che si oppone a questo sistema di credenze o alle idee con cui la sua mente è stata nutrita fin dall'infanzia, si verifica uno scontro. Si tratta di ciò che in psicologia è noto come dissonanza cognitiva. Significa che il cervello non è in

29

grado di comprendere o elaborare un'idea contraria a quella preimpostata.

I manipolatori sono molto abili nel cambiare i concetti per adattarli alle convinzioni e alle idee di ogni persona nel momento in cui cercano di convincere le loro vittime a fare ciò che vogliono.

Gran parte delle scelte o degli acquisti compulsivi, ad esempio, è dovuta alla manipolazione del nostro cervello da parte delle tecniche di marketing. Comprare prodotti di cui non abbiamo bisogno o fare acquisti, donazioni o dare soldi o attenzione a qualcosa che non ci interessa, ma che siamo inconsciamente costretti a fare, è una causa di manipolazione.

Alcune forme comuni di manipolazione si presentano spesso sotto l'apparenza di buone intenzioni.

Gli spot che ci commuovono, con musiche malinconiche, immagini di impotenza e tristezza, con un messaggio finale che dice: "Collabora con questa causa affinché i bambini del paese X del Terzo Mondo non soffrano. Contribuisci con un granello di sabbia a questo conto e a questo sito web e aiuta a salvare una vita", è una forma non molto sottile di manipolazione psicologica.

La testimonianza di una donna che lavorava in uno studio legale di una grande città europea può mostrare fino a che punto tutti noi possiamo essere manipolati.

"Mi chiamo Mary, lo userò per nascondere il mio vero nome. Lavoravo in uno studio legale di una capitale europea. Il mio lavoro consisteva essenzialmente nell'archiviare documenti, gestire il personale e svolgere altre mansioni amministrative. Lavoravo sei ore, dal lunedì al venerdì, ma, dopo circa sei mesi, il mio capo ha iniziato a chiedermi di rimanere un paio di ore in più.

"Ho due figli e nessuno che si occupi di loro. Così gli ho detto che in linea di principio non potevo, ma lui ha continuato a insistere. Mi ha persino promesso che mi avrebbe pagato di più e che mi avrebbe dato la priorità di riposare un giorno alla settimana, se l'avessi voluto. Usava sempre argomenti come: "sai che l'azienda non sta andando molto bene; abbiamo bisogno di sacrifici collettivi", con questo voleva dare l'impressione di aver bisogno di aiuto e che anche io, ovviamente, avevo bisogno di lavorare.

"Il primo mese in cui me lo ha chiesto sono rimasta due ore. Poi il numero di ore in cui mi ha chiesto di assentarmi dal lavoro è aumentato. "Mary", disse il mio capo, "dovrai portare il lavoro a casa, perché la ragazza che era la tua assistente ha deciso di licenziarsi". Questo mi ha messo in una situazione di disagio. Ho sopportato la situazione per altri due mesi, finché un giorno mi ha chiesto di lavorare a casa per un fine settimana....

Ho scelto di dirgli di pagarmi o lo avrei denunciato per molestie sul lavoro. Il mio capo ha cercato di manipolarmi in molti modi, ma alla fine ho ottenuto un risarcimento. È stata fatta giustizia, ma potete immaginare quanti casi non vengono portati alla luce perché le persone sono più deboli o intimidite dal potere dei loro capi?

A volte le tecniche di manipolazione sono spesso sottili e abbiamo bisogno di certi gesti o azioni per capire che siamo vittime di personalità oscure. La maggior parte dei cervelli è empatica. Cioè, sono ricettivi alle emozioni positive come la gentilezza, la gioia, la solidarietà, la fratellanza, ecc. I cervelli delle persone che hanno tratti di manipolazione, narcisismo o machiavellismo sono impermeabili all'empatia; quindi, utilizzano tecniche di base per manipolare i cervelli delle loro potenziali prede.

Di seguito analizzeremo alcune di queste tecniche di manipolazione di base che sono molto efficaci per le personalità oscure nel raggiungere i loro obiettivi:

Sorriso:

Il sorriso è un modo molto efficace di entrare in empatia. Il cervello lo interpreta come un gesto gentile ed empatico che garantisce l'avvicinamento e la fiducia. Quando incontriamo un estraneo, uno dei gesti empatici è sorridere. Anche se potrebbe essere un segno di cortesia, i manipolatori, i narcisisti e le personalità machiavelliche usano il sorriso come un jolly che permette di accedere più facilmente alla benevolenza di potenziali prede.

Siate persuasivi e amichevoli:

Per ottenere la benevolenza e l'empatia degli altri, le personalità manipolatrici e machiavelliche usano la persuasione e la gentilezza per avvicinarsi e ottenere fiducia. Essere particolarmente preoccupati o attenti alle esigenze della vittima, telefonare, scrivere, inviare denaro o aiutare moralmente possono essere tattiche complementari alla strategia iniziale di persuasione attraverso la gentilezza, senza essere opprimenti, sgradevoli o scomode.

Avere sempre ragione:

Uno dei modi per compiacere ed empatizzare rapidamente ha a che fare con l'essere sempre connivente, cioè sempre d'accordo con la potenziale vittima. Il manipolatore sa che uno dei modi migliori per creare un legame è dare ragione alla sua preda. Su qualsiasi argomento discutete, noterete come il manipolatore sarà d'accordo con voi e praticamente su tutto ciò che direte. Quindi, non contraddire, anche su argomenti controversi o divisivi, come la politica o la religione, è una bandiera rossa per sospettare di essere vittima di una di queste personalità manipolatrici.

Organizzare attività congiunte:

Un altro tratto caratteristico delle personalità manipolatrici è quello di organizzare attività insieme alla vittima. Una delle principali risorse nelle mani del manipolatore è quella di svolgere un tipo specifico di attività, di solito pianificata e ciclica. Se il manipolatore vi dice di andare insieme in palestra, in biblioteca, a fare la spesa o in qualsiasi altro luogo con cadenza settimanale o quotidiana, questo è un segno praticamente inequivocabile che questa persona vi sta prendendo di mira. Questo ha a che fare con il fatto che, il manipolatore, o narcisista o machiavellico, che di solito ha forti tratti psicopatici, vorrà studiarvi da vicino per poter proiettare la sua personalità sulla vostra, guadagnandosi la vostra fiducia.

Cedere il controllo della conversazione all'interlocutore:

La conversazione è un'attività che ci permette di interagire e conoscere gli altri ascoltandoli e lasciandoci ascoltare da loro. L'avvio di una relazione di qualsiasi tipo con qualcuno richiede un tempo di conversazione per scoprire cosa pensa la persona e quali aspettative ha sulla sua vita e su altri aspetti. È questo che fa sì che molte amicizie durino nel tempo. Ma, per il manipolatore, le chiacchiere sono solo un'altra arma da usare contro la sua vittima. Di solito, quando si instaura una conversazione, le parti si alternano nel discorso: uno afferma o domanda e l'altro risponde o argomenta, e così via. Il manipolatore vi permetterà di prendere le redini della conversazione in modo da poter ascoltare tutto ciò che dite e prendere appunti. Mentre si guadagna la vostra fiducia, copia ogni vostro gesto, tratto, idea e sentimento su un argomento. È frequente che le vittime dei manipolatori si lamentino in seguito con il loro terapeuta del fatto che la persona sembrava ascoltarli sempre con attenzione, con grande interesse e rispetto per ogni loro parola e opinione.

Perno di Ransberger:

Questa tecnica è collegata alle precedenti, in quanto consiste fondamentalmente nel non contraddire, correggere o criticare mai l'interlocutore, anche se ha torto o se le sue argomentazioni non hanno alcun fondamento. È possibile che la tensione emotiva di fronte a una contraddizione provochi una tensione precedente tra le due parti, in modo che la discussione diventi sempre più intensa. In sintesi, si potrebbe dire che la tecnica del Pivot di Ransberger tenta di

34

conciliare i due punti opposti più estremi in una via di mezzo, è un tentativo di raggiungere una conciliazione o conciliazione di due estremismi ideologici.

Il primo passo di questa tecnica è l'ascolto attento. I manipolatori la utilizzano spesso in modo efficace, rimanendo rispettosamente in silenzio di fronte alle argomentazioni della controparte. Ovviamente non lo fanno per raggiungere un accordo con la controparte, per capire e collaborare: è semplicemente un modo per raggiungere i propri scopi nel modo più diretto possibile.

La seconda fase di questa tecnica consiste nel prendere in considerazione le argomentazioni della controparte per raggiungere un accordo. Ciò richiede empatia, considerazione e pazienza. Il manipolatore seguirà alla lettera questi passaggi per raggiungere la persuasione finale e manipolare la vittima. Non lo fa perché ha interesse a raggiungere un accordo con la vittima: è semplicemente una delle strategie che ha nella manica.

L'ultimo e definitivo passo consiste nell'ammettere gli errori per raggiungere un accordo tra le due parti in conflitto. In una discussione possono esserci scontri verbali, insulti, prese in giro e ogni tipo di attacco ad hominem, ma l'obiettivo è che entrambe le parti cedano il più possibile, raggiungendo un accordo finale. La cessione della propria posizione di dominio da parte di un narcisista o di un megalomane, come tendono a essere tutte le personalità della triade nera, i manipolatori e gli psicopatici, è qualcosa di difficile, poiché questo tipo di persona vorrà sempre avere ragione ad ogni costo. Quindi, nel caso in cui il manipolatore finisca per cedere, lo farà non perché è d'accordo con la sua vittima perché, ciò che lui cerca di ottenere, è la manipolazione. In tal caso, dandogli ragione delle sue argomentazioni, anche se non le condivide affatto, penserà sempre che il suo avversario dialettico è molto meno intelligente e capace, quindi non merita il suo rispetto.

Mentire in modo compulsivo:

La tattica della menzogna compulsiva è un classico dei manipolatori per ottenere ciò che vogliono dalle loro vittime. In genere, le persone empatiche tendono a parlare in modo franco e sincero, cioè senza mentire, perché vogliono essere trasparenti con la loro controparte. La personalità manipolatrice, invece, mira proprio a tirare la propria vittima per i fili, come se fosse una marionetta, intrappolandola in una rete di bugie continue e incessanti. In questo modo, genera caos nella mente e nei sentimenti dell'altra persona, che avrà una costante sensazione di confusione e dissonanza cognitiva rispetto a ciò che pensava fosse chiaro fin dall'inizio. La menzogna si rivela un'arma potente della personalità manipolatrice, per ottenere ciò che vuole.

Controllo delle informazioni:

Per raggiungere il suo obiettivo predatorio, il manipolatore nell'interazione con la vittima conserva dati vitali per ottenere ciò che vuole. Questo gli dà un vantaggio di cui la controparte non è consapevole. Ad esempio, il manipolatore vuole conoscere la cerchia ristretta della sua potenziale vittima, quindi propone loro di incontrarsi in un luogo che la vittima o il manipolatore, grazie alle sue ricerche, sa bene che la vittima frequenta. Quando la vittima incontra il manipolatore, quest'ultimo finge che si tratti di un incontro casuale e che lui o lei non c'entri nulla. In ogni caso, la vittima avrà contribuito fornendo, consciamente o inconsciamente, informazioni al manipolatore. Questo è un meccanismo molto potente utilizzato dalle personalità manipolatrici.

Tecniche narcisistiche (lovebombing, svalutazione, gas ligthing)

Le personalità dei manipolatori hanno spesso anche componenti narcisistiche. Ciò significa che, prima o poi, utilizzeranno queste tecniche per poter sottomettere e gestire a piacimento la loro vittima. Tra le tecniche più comuni del narcisista, possiamo citare le seguenti:

Lovebombing: significa letteralmente bombardamento d'amore. Come suggerisce il nome, il manipolatore inonderà la sua potenziale vittima di complimenti, apprezzamenti e parole d'amore. Questo per ottenere la sua totale fiducia facendole credere che lo ammira, lo rispetta e lo ama davvero, anche se in realtà si tratta solo di una rozza messinscena per attirare la preda nella rete che sta tessendo per lei.

Svalutazione: questa tecnica consiste nel mettere la vittima sempre al di sotto delle qualità di altre persone con cui si confronta costantemente, al fine di svalutare la sua autostima e il suo ego. In questo modo, il rispetto e l'autostima della vittima diventano un valore che può essere indebolito e demolito in qualsiasi momento dal manipolatore attraverso questa tecnica maestra.

Gaslighting: l'origine di questa tecnica narcisistica deriva da un film degli anni '40, in cui un personaggio cerca di confondere la sua controparte chiudendo il rubinetto del gas e dicendo poi alla sua vittima che è stato lui a farlo. In questo modo, travisando, cambiando, diffamando, mentendo, incolpando gli altri di ciò che fa, il manipolatore riesce a confondere la sua vittima sconvolgendo l'ordine e l'ambiente, fisicamente, psicologicamente e verbalmente. Ciò provoca una forte dissonanza cognitiva nella vittima del manipolatore, che cede passivamente la propria sanità mentale e il proprio ordine al manipolatore.

4 - COS'È LA NLP E COME POSSIAMO USARLA PER RIPROGRAMMARE IL NOSTRO CERVELLO?

Il termine PNL (Programmazione Neuro Linguistica) è uno dei termini più discussi degli ultimi cinquant'anni. In sintesi, la PNL può essere definita come la disciplina che si occupa della riprogrammazione del cervello per quanto riguarda la comunicazione, sia verbale che non verbale. Questo metodo si basa sulla premessa che il nostro cervello è plastico, il che significa? Semplicemente che quest'organo ha la capacità di riadattarsi e plasmarsi in base ai postulati che noi gli definiamo. In questo caso si applica la metafora dell'hardware e del software: il cervello sarebbe una sorta di hardware e il linguaggio, verbale e non verbale, sarebbe il software con cui lo programmiamo. Tutte le idee che abbiamo, sbagliate o meno, sono determinate dal condizionamento culturale e sociale.

Ciò significa che il cervello risponde a uno schema di situazioni particolari che sono nella nostra mente. Ognuno di noi ne ha uno, quindi tendiamo a vedere i problemi che affrontiamo da questo particolare punto di vista. In questo modo, uno dei postulati principali della PNL è che lo schema di un fatto o di una situazione non cambia, ma ciò che cambia è il modo in cui ci poniamo in quello schema, cioè il punto di vista di ciascuno è totalmente diverso dall'altro.

Uno dei grandi punti di forza che la PNL offre è la correzione delle cattive abitudini, dei cambiamenti di metodo e di procedura nei compiti o nei modi di vedere le cose. Così come è totalmente diverso contemplare il panorama di una città dall'ascensore di un palazzo, guardando attraverso le sue finestre trasparenti, rispetto a farlo dall'ultimo piano, dove ci si avvicina al bordo e si possono avere le vertigini, sentendo come il vento soffia nelle orecchie, senza farci sentire quello che dice il nostro interlocutore; un'esperienza totalmente diversa la vive chi vede il palazzo e il panorama della città da un elicottero, o addirittura dalla visione di un drone con una telecamera ad alta risoluzione. È la stessa scena e lo stesso luogo, ma le prospettive sono completamente opposte.

Questo può darci un'idea dell'importanza della PNL per la nostra vita. Vediamo un esempio di testimonianza di vita in cui i postulati della PNL sono stati applicati con successo.

"Mi chiamo Jorge e vivo nella periferia di Bogotà, una grande città dell'America Latina. Lavoro come consulente del servizio clienti in una multinazionale. Ogni mattina prendo il sistema di trasporto pubblico, insieme a milioni di altre persone, per raggiungere il mio posto di lavoro nel centro della città. Questo processo è piuttosto complesso e noioso, quindi il mio umore, quando arrivo sul posto di lavoro non è buono come quando mi sono alzato. Finché non ho conosciuto la PNL e le sue meravigliose tecniche, non avevo idea di come avrei potuto cambiare la mia prospettiva sulle cose.

"Quella mattina, quando sono arrivato al lavoro, la prima telefonata che ho ricevuto è stata quella di una donna molto arrabbiata per il servizio dell'azienda, che, a suo dire, era il peggiore del mondo. Le ho chiesto di calmarsi, perché stava urlando molto. "Non c'è bisogno di gridare per dirmi la gravità del suo problema, signora", le ho detto, ma la cliente continuava a essere fuori di sé, isterica, come in uno stato di trance. Sebbene cercassi di capire il motivo della sua furia, ovvero un guasto alla connessione Internet, la sua rabbia non mi permetteva di avere la lucidità mentale necessaria per aiutarla. La donna si dedicava alle urla. Per un attimo ho pensato di rispondere alle sue urla, che cominciavano a farmi male alle orecchie, allo stesso modo, cioè infrangendo i limiti razionali di decibel consentiti in una chiamata. "Nessuno farà nulla per risolvere il mio problema?

"Ricordando ciò che avevo letto in un libro sulla PNL, decisi di applicare la tecnica opposta. Dato che la donna stava urlando troppo, tanto che il supervisore della chiamata ha iniziato a mandarmi messaggi su WhatsApp su cosa stesse succedendo con il cliente, ho optato per la tecnica della neutralizzazione. Così, quando il lungo monologo pieno di parole di alto livello, urla e brontolii è finito, sono rimasto in silenzio. Non ci è permesso bloccare il microfono, tranne quando chiediamo al cliente di aspettare una nostra risposta; quindi, sono rimasto nel silenzio più sepolcrale possibile, aspettando che la cliente si zittisse una volta per tutte.

40

-Non dirai nulla, te ne starai lì come un inutile idiota", gridò la donna attraverso le cuffie, facendomi quasi scoppiare i timpani.

Finalmente, dopo circa cinque minuti di silenzio, la donna ha iniziato ad abbassare il livello di rabbia e si è calmata. Ho quindi ripreso la telefonata dall'inizio e ho seguito i passi indicati nel protocollo del servizio clienti: la donna ha seguito i passaggi da me indicati con il suo dispositivo modem ed è riuscita a ristabilire la connessione. Alla fine della telefonata, la donna era così imbarazzata per il suo comportamento che mi ha dato la massima valutazione. Questo mi ha dimostrato che la PNL era assolutamente vera in tutto ciò che affermava".

La maggior parte degli eventi che viviamo nella vita, brutti e belli, sono legati al modo in cui vediamo il mondo. Se qualcosa è difficile per noi, lo sarà finché non cambieremo il nostro modo di vederlo. Le paure e le idee sbagliate che abbiamo sul mondo e sull'ambiente che ci circonda, comprese ovviamente le altre persone, sono ciò che determina il successo o meno di un'impresa che iniziamo. Cambiare il modo in cui facciamo le cose, non le cose stesse, è ciò che porterà a un risultato diverso. Alcune persone dicono che quello che fanno, lo hanno fatto in questo modo per molti anni e ha funzionato e questo è sufficiente.

Come le parole, i gesti comunicano cose, sentimenti, emozioni e idee. Il nostro cervello è progettato per raccogliere i diversi stimoli che provengono dal mondo esterno sotto forma di odori, forme, colori, sensazioni, sapori, suoni, ecc. Una volta organizzati i pezzi all'interno del complesso sistema di sinapsi neuronali, questo affascinante organo ci offre un'immagine, una rappresentazione che sarà per noi una sorta di modello di quella realtà, in una scena completa.

Questo è il motivo per cui alcune persone lasciano una cattiva impressione durante un colloquio di lavoro o quando hanno un appuntamento tramite Internet. Per esempio: il nostro cervello è determinato a ritenere che qualcosa sia buono o cattivo, conveniente o meno, in base alla programmazione che abbiamo al suo interno, ai nostri insegnamenti fin dalla prima infanzia, al nostro livello sociale e culturale, alla nostra origine, al nostro sistema di percezioni, che comprende il nostro corpo e i suoi sensi, ecc. Alla fine, come in una ricetta di cucina, a cui possiamo aggiungere più o meno di questo o quell'ingrediente, si otterrà un risultato soddisfacente o meno, così come una torta o una frittata possono avere un sapore più o meno intenso, pastoso, cremoso, leggero o delizioso. Tutto dipende dalla nostra PNL.

Il modo in cui affrontiamo il lavoro che svolgiamo, il tempo che vi dedichiamo e i risultati che ne derivano, nonché il denaro che guadagniamo per svolgerlo, determinano la visione complessiva che abbiamo di quel lavoro. Se saremo soddisfatti o meno dei risultati alla fine del mese. In ogni caso, gran parte della responsabilità dei risultati finali, delle decisioni, delle scelte e dei processi è nelle nostre mani, perché sono le conseguenze di una serie di cause precedenti che includono il modo in cui abbiamo imparato a fare il lavoro e il modo in cui viene fatto.

La pratica rende perfetti, potrebbe essere la sintesi di ciò che la PNL significa per migliorare la vita delle persone. Per fare un esempio: se una persona, il signor X, che è un giocatore d'azzardo, prende tutti i soldi che ha e va a giocare alla roulette, credendo che in questo modo, per un colpo di fortuna, questa volta vincerà una fantastica striscia e che lo renderà, in un batter d'occhio, milionario, molto probabilmente fallirà nel suo tentativo, perdendo tutto il suo capitale e trovandosi in assoluta rovina.

Se invece un'altra persona, il signor Y, che ha lavorato per anni, decide di studiare una nuova nicchia di mercato, ha inventato un nuovo prodotto o eccelle nelle sue abilità culinarie, e apre un'attività, le probabilità di successo sono molto più alte in prospettiva rispetto al primo caso, cioè il nostro amico signor X, il giocatore d'azzardo.

Il modo in cui facciamo le cose è tanto influente quanto la visione che ne abbiamo nella nostra mente. Si potrebbe paragonare la tecnica della PNL applicata a una sorta di diagramma di flusso, che sarebbe simile a questo:

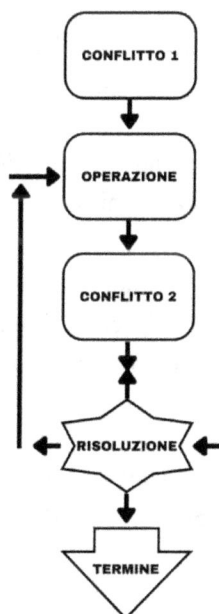

43

Questo modello PNL di azione strategica, schematizzato nel grafico qui sopra, ci permette di visualizzare il processo decisionale, nel quale falliamo costantemente. In presenza di un Conflitto, che può essere qualsiasi tipo di evento o situazione in cui siamo costretti a prendere una decisione, optiamo sempre per un'Operazione: in linea di massima può trattarsi di una discussione familiare, lavorativa o sentimentale o di un conflitto con uno sconosciuto per strada.

Il conflitto 1 può farci bloccare, discutere, litigare, urlare, persino portare a uno scontro fisico. L'operazione sarà il modo in cui affronteremo il conflitto, quando il sangue caldo si sarà dissipato dalla nostra mente, allora inizieremo a vedere quale decisione potrebbe essere la migliore di fronte a questo fatto.

La situazione può degenerare in Conflitto 2, dove il livello di aggressività e di minaccia aumenta, così come le urla e gli insulti, in una discussione in cui piatti o carte possono volare sopra le teste, schiantarsi contro i muri, ecc.

Questo porta necessariamente alla Risoluzione, che ci convincerà della necessità definitiva di fuggire o di combattere; di desistere o di insistere; di negoziare o di arrendersi. Ci può essere un loop, che riporta all'inizio e alla comparsa di più conflitti intermedi, in cui possono comparire terze parti o eventi più o meno gravi che aumentano il conflitto, rendendolo insostenibile.

In genere, questo schema si risolve con l'Uscita, che porrà fine alla situazione, risolvendola a nostro favore o contro di noi.

Le fasi di questo diagramma operativo della PNL saranno determinate dalla nostra capacità di gestire ognuna di queste situazioni di conflitto intermedio, che possono o meno rendere il quadro più gestibile. Poiché la PNL è un argomento di per sé molto vasto, questa sezione ci permette di mostrare che i meccanismi di riprogrammazione del linguaggio neurale, sia verbale che non verbale, hanno una profonda influenza sulla nostra vita e su tutto il suo spettro generale: accademico, sociale, culturale, affettivo, sessuale, economico, familiare, ecc.

La neuroplasticità, come strumento che ci permette di diventare persone migliori, cambiando le cattive abitudini con altre nuove e più positive, ha una precisa influenza sul nostro corpo e sulla nostra mente nel lungo periodo. Il cervello può essere riprogrammato in base a ciò che vogliamo fare. Possiamo imparare nuove lingue, praticare sport, studiare diverse discipline per modellarci nel modo più intelligente possibile a un mondo che cambia.

Le menti dei manipolatori ci perseguitano costantemente approfittando di ogni nostro errore per cercare di distruggerci. Per questo motivo, una profonda conoscenza della pratica delle strategie della PNL è fondamentale per contrastare le arti oscure delle personalità con psicologia nera, come vedremo nel prossimo capitolo.

5 - CONOSCERE LA PSICOLOGIA DEL BUIO

Come abbiamo visto nel corso di questo libro, la psicologia nera è una sorta di anomalia psicologica in alcune persone che mostrano una tendenza naturale alla manipolazione, alla menzogna, al narcisismo, al machiavellismo e alla psicopatia, che fanno violenza non dichiarata alle loro vittime. I tratti empatici, cioè quelli che ci permettono di avere una sincera preoccupazione per i problemi degli altri, ci hanno permesso di progredire come civiltà.

Le società odierne si basano sulla gregarietà e quindi i comportamenti sociali diventano un pilastro fondamentale per far muovere le società moderne con le loro industrie, le istituzioni accademiche, le istituzioni culturali, le attività economiche, il commercio, i viaggi, ecc.

In un mondo in cui prevalgono menti dalla psicologia nera, non ci sarebbe progresso; cioè, ognuno andrebbe per la sua strada, passando sopra a tutti gli altri, senza alcuna sanzione sociale o morale. Sarebbe qualcosa di simile alle steppe africane, dove pochi predatori prendono le loro prede a piacimento senza alcun riguardo.

Nella maggior parte delle società moderne, le truffe, gli imbrogli, la corruzione e altri crimini commessi da menti che fanno parte della triade nera della psicologia sono criminalizzati. Inutile dire che non tutte queste personalità oscure sono psicopatiche. Molti di loro sono integrati e altri no; questi ultimi sono generalmente privati della libertà in carceri di massima sicurezza o in istituti psichiatrici. Gli psicopatici integrati, come dice lo psicologo clinico Dr. Robert Hare, che ha tracciato il profilo degli psicopatici per molti anni, compiono le loro azioni più abiette, anche se sembrano alla mente di una persona comune, sotto il loro pieno giudizio e decisione:

"Tuttavia, quasi tutti sono dell'opinione che certi cri-mini brutali, specialmente la tortura e l'omicidio, siano opera di pazzi, come dimostra la frase "bisogna essere pazzi per farlo". Questo può essere vero da un certo punto di vi-sta, ma non da un punto di vista psichiatrico o legale. Come ho detto prima, alcuni serial killer sono pazzi. Si pensi, ad esempio, a Edward Gein, i cui terribili e bizzarri crimini sono stati alla base dei personaggi di libri e film come Psy-cho, The Texas Chainsaw Massacre e Il silenzio degli inno-centi. Gein uccideva, mutilava e talvolta mangiava le sue vittime e realizzava oggetti grotteschi - lampade, vestiti, ma-schere - con la loro pelle e altre parti del corpo. Durante il processo, gli psichiatri della difesa e dell'accusa concorda-rono sul fatto che fosse psicotico; la diagnosi psichiatrica fu di schizofrenia cronica e il giudice lo mandò in un ospe-dale speciale per criminali disturbati.

Tuttavia, la maggior parte dei serial killer non è come Gein. Possono torturare, uccidere e mutilare le loro vittime - un comportamento incredibile che mette alla prova la no-stra concezione della parola "sanità mentale" - ma nella maggior parte dei casi non ci sono prove che siano squili-brati, mentalmente confusi o psicotici.

Molti di questi assassini - Ted Bundy, John Wayne Gacy, Henry Lee Lucas, per citarne alcuni - sono stati dia-gnosticati come psicopatici, il che significa che sono men-talmente sani secondo gli attuali canoni psichiatrici e legali. Tutti loro sono stati mandati in prigione e, in alcuni casi, giustiziati. Ma la distinzione tra assassini squilibrati e as-sassini sani di mente ma psicopatici non è così netta. Tale

47

differenza è il risultato di un dibattito secolare che, a volte, ha sfiorato la metafisica".[2]

La distinzione tra i diversi tipi di personalità oscure può far luce sul motivo per cui fanno ciò che fanno. È diffusa la convinzione che tutti i delinquenti e i criminali siano psicopatici. Robert Hare sostiene che questo non è vero, perché ci sono delle sfumature, come in ogni analisi della natura umana e della psicologia. Tuttavia, gli psicopatici, i sociopatici e coloro che compongono la triade nera della psicologia hanno tutti un fattore in comune: la motivazione narcisistica.

Si potrebbe dire che, questo tipo di personalità, osserva le altre persone come uno scienziato osserva il suo oggetto di studio. Con distanza e una certa indifferenza, per trovare i punti deboli e farla franca. La vittima, anche se si illude che il predatore psicologico si prenda cura di lei, viene usata come strumento per ottenere ciò che vuole, qualunque sia l'obiettivo. È per questo che le personalità empatiche, innocenti o buone credono che il manipolatore, il sociopatico, il narcisista o lo psicopatico si comporteranno proprio come lui, perché trovano impossibile credere che qualcuno non possa avere la minima traccia di compassione o considerazione per gli altri, e che nessuno possa essere così egoista da pensare prima di tutto a se stesso senza preoccuparsi di come si sentono gli altri.

---

[2] Senza coscienza. Robert Hare. Paidós, pp. 26.

I machiavellici tendono a concentrarsi sui desideri, le speranze e i desideri degli altri per usarli a proprio vantaggio. I truffatori, i leader politici, i seduttori, i ciarlatani e i criminali che presentano tratti oscuri della personalità sono ben consapevoli dei punti deboli delle loro potenziali vittime, in modo che, dopo aver analizzato le debolezze delle loro prede, possano attaccarle nel modo più efficace.

Bisogna tenere presente che la natura delle personalità oscure funziona proprio come quella di un animale da preda. L'empatico-vittima si fida e mostra il collo al manipolatore-predatore. Quest'ultimo, invece di mettergli al collo un gioiello lussuoso e scintillante, balzerà per nutrirsi, a volte non solo del suo corpo - come in alcuni casi di psicopatici e assassini che vedremo più avanti - ma anche della sua anima, dei suoi sentimenti e delle sue emozioni.

Come afferma il dottor Iñaki Piñuel, eminente psicologo spagnolo e discepolo di Robert Hare, "gli psicopatici sono veri predatori della razza umana e anomalie nel mondo della psicologia umana".

6 - COMPRENDERE LE TECNICHE DI MANIPOLAZIONE PSICOLOGICA E LA NLP

Un aspetto affascinante della psicologia nera riguarda il modo in cui questi individui utilizzano le tecniche della PNL per esercitare la manipolazione psicologica delle loro vittime. Influenzare emotivamente le loro vittime è la strategia più comune utilizzata dalle personalità manipolatrici. Questa agenda segreta è nota solo al manipolatore. La vittima crede che questa persona gentile, comprensiva, empatica e apparentemente premurosa sia un buon essere umano.

49

Ma le intenzioni del manipolatore sono diverse: vuole conquistare gradualmente la fiducia della vittima per ottenere ciò che vuole. Le motivazioni che spingono una personalità machiavellica e manipolatrice a voler assumere il controllo assoluto dei pensieri e di ogni aspetto della vita di un'altra persona possono essere molteplici.

Indosserà sempre una maschera per mantenere un basso profilo, nascondendo il suo vero volto. Qualunque sia la debolezza della vittima, il manipolatore la sfrutterà per prendere il controllo. Se una persona è emotivamente fragile, qualunque sia il motivo: una crisi economica, una separazione, la perdita di una persona cara, il licenziamento dal lavoro, ecc. Sarà in grado di offrire un sostegno illimitato per ascoltare la vittima sfogare le sue frustrazioni, le sue paure e i suoi timori; tenderà la mano con un sostegno finanziario per far sì che la vulnerabilità finanziaria sia il trampolino di lancio perfetto per prendere il controllo della vita di qualcun altro.

La PNL e le sue tecniche offrono ai professionisti della psicologia del buio una strategia efficace da applicare come metodo di controllo psicologico. Come abbiamo visto nel capitolo precedente, la PNL consente di plasmare e riprogrammare il cervello attraverso tecniche di linguaggio verbale e non verbale. Dato il potere delle parole di introdurre ancora nella mente, cioè punti d'appoggio per iniziare la scalata verso quella che gli esperti chiamano plasticità cerebrale, i manipolatori le usano, con tutto il loro fascino superficiale e banale, per sedurre le loro potenziali vittime.

In generale, le personalità della triade nera tendono ad avere una grande capacità di empatia con le loro vittime.

Sono eleganti, carismatici e hanno la capacità psicologica di entrare in sintonia con gli interessi particolari della loro preda, traendone vantaggio. Molte persone sono cadute nella trappola di questi individui dalla psicologia nera. Nella nostra epoca, in cui le app di incontri e i social media sono all'ordine del giorno, queste personalità oscure abbondano, ostentando il loro potenziale tossico e negativo.

Testimonianza di una vittima di manipolazione

"Mi chiamo Karen (non è il mio vero nome) e ho 20 anni. Sono una studentessa di comunicazione sociale e giornalismo. Anche se di solito non frequento le app di incontri, un giorno in cui ero piuttosto annoiata ho deciso di andare su una di queste, che è molto popolare. Ho iniziato a scorrere i profili di uomini che trovavo molto interessanti. Mi sono fermata su uno che ha attirato la mia attenzione. "Ciao, mi chiamo Erik, ho 32 anni. Sono un chirurgo, scrittore, musicista, appassionato di fitness e irrimediabile avventuriero. Mi piacciono i dettagli, gli appuntamenti passionali e sono un inguaribile romantico. Vorrei condividere un momento speciale con te".

Quest'uomo era il prototipo del rubacuori che tutte abbiamo idealizzato da adolescenti: bello, alto, muscoloso, con gusto nel vestire ed eleganza - indossava un orologio piuttosto lussuoso che sembrava d'oro - oltre a essere un uomo con un futuro finanziario e professionale. Così ho pensato che non avessi nulla da perdere se avessi fatto un incontro con quel ragazzo, beh, in realtà era un uomo che si trovava in una fase molto interessante. Gli ho dato un like e pochi minuti dopo Eric mi ha scritto. "Wow, non posso credere che una dea abbia notato un mortale come me", mi

51

rispose. Ho riso, perché l'ho preso come un complimento esagerato. Dopo qualche minuto di conversazione con lui, mi sentivo molto a mio agio.

Non saprei dire cosa mi facesse sentire così a mio agio, ma volevo continuare a parlare con quell'uomo. Cominciai a idealizzarlo. Mi raccontò di aver lavorato su un peschereccio attraverso l'Asia e l'Africa; di essere stato un soldato in Afghanistan; di aver studiato pianoforte dall'età di tre anni; di aver scritto sei libri e di aver fatto tutto questo in un tempo relativamente breve, completando la sua carriera di chirurgo. C'era qualcosa che sospettavo e che non quadrava con la storia. Tuttavia, continuai a parlargli.

Un giorno Eric mi scrisse che sarebbe venuto nella mia città. Mi disse che viveva a Madrid, ma che sarebbe venuto a New York per un seminario internazionale di chirurgia. Sentivo le farfalle nello stomaco. Comprai i vestiti per l'appuntamento della mia vita. Sognavo a occhi aperti la vita che avrei avuto accanto a Eric, l'uomo ideale: il matrimonio nella Cattedrale di Siviglia, che secondo lui era il suo sogno, la luna di miele a Bali, i figli che avremmo avuto, lui voleva una femmina e un maschio, la casa in cui avremmo vissuto, sulle rive del Mediterraneo, in Italia, e così via. Molte volte, durante le lezioni online, il mio insegnante ha dovuto richiamare la mia attenzione, perché sembrava che stessi sognando tutto il tempo. Ho grandi capacità comunicative, quindi i miei voti accademici sono sempre superiori alla media, ma Eric sembrava avere un arsenale di giri di parole, parole, espressioni e ogni sorta di arguzia verbale che mi lasciava perplessa.

Ma, alla vigilia della partenza, Eric mi disse che non poteva andare a New York. Aveva avuto una grave calamità, un problema di salute del padre che lo aveva colto nel bel mezzo di un trasferimento all'aeroporto, dove aveva perso le valigie con i soldi e le carte di credito. Allora, visto che ci sentivamo quotidianamente da diversi mesi, mi chiese se c'era qualcosa che potevo fare per lui, qualcosa per cui mi avrebbe ringraziato per tutta la vita. Naturalmente risposi di sì. Mi chiese 300 dollari per tirarlo fuori dai guai. Poiché la mia famiglia ha un certo livello di ricchezza e io ho un'attività che genera un reddito mensile, pensai che prestare a Eric i 300 dollari non sarebbe stato un grosso problema. Non era il tipo di persona che sembrava avere problemi finanziari, così gli mandai i soldi.

Il giorno dopo ho notato che Eric non c'era più. Sembrava che gli fosse successo qualcosa. Gli ho scritto su WhatsApp e la sua foto sullo yacht, con gli occhiali da sole e lo champagne, che vedevo ogni giorno, era sparita. Gli scrissi anche sugli altri social network, ma erano inattivi. Il mio cuore è diventato un nodo di angoscia e mi veniva da piangere. Eric, il prototipo di uomo ideale, quello che avevo sognato di avere dei figli e di vivere sul bordo di una casa con vista sul mare, non c'era più.

Qualche giorno dopo, mentre cercavo informazioni per scrivere una nota per la mia tesi di laurea, ho letto una notizia su un portale Internet. "Un uomo truffava le donne su un popolare social network di incontri". Non potevo credere a ciò che stavo leggendo. Eric era in realtà un uomo che lavorava come cameriere a Barcellona, in Spagna. Aveva creato un profilo attraente con foto suggestive e una biografia impressionante. Inoltre, le sue caratteristiche fisiche e il suo carisma erano l'esca perfetta per le donne che volevano una relazione con un uomo di alto livello:

Il truffatore dei social network, che si faceva chiamare Eric, è in realtà Sebastian e aveva sospeso la sua carriera di infermiere per sfruttare la sua avvenenza seducendo donne di tutto il mondo. Sebbene il reato di cui è accusato in molti Paesi non sia carcerabile, motivo per cui non è possibile arrestarlo, il suo profilo è già stato pubblicato su gruppi Instagram e Facebook per mettere in guardia le donne da questo predatore emotivo e finanziario.

Dopo questa esperienza, ho giurato di non usare mai più nessuna app di incontri".

In questa testimonianza è possibile analizzare la mente di una personalità nera, che sfrutta le sue caratteristiche che lo rendono attraente per l'altro sesso, per manipolare e portare nel suo territorio le donne che idealizzano relazioni affettive. Secondo i postulati della PNL, la mente e ciò che pensiamo influenzano il corpo. Per molti medici, è questa la causa delle malattie psicosomatiche, che porta molte persone affette da ipocondria a rivolgersi ai centri di emergenza, facendo sì che il sistema sanitario venga colpito da falsi allarmi medici. In altre parole, la mente proietta nel corpo tutto ciò che crea.

Il processo attraverso il quale la mente cosciente influenza una sorta di timbro nella memoria che fa durare un ricordo, un'idea, un'immagine o qualsiasi altro tipo di processo cerebrale, si produce in un secondo momento, in modo inconsapevole. Ciò significa che lo sforzo iniziale compiuto dai sensi per creare quel punto di memoria nella corteccia cerebrale, sebbene all'inizio sia totalmente cosciente e razionale, dopo essere passato attraverso questo filtro, diventa automatico e inconscio. Ciò va inteso nel senso che non viene continuamente messo in primo piano, ma, come per i processi informatici, rimane sullo sfondo della memoria. La PNL è molto simile alla programmazione di un software. Dopo tutto, il cervello è la cosa più vicina all'hardware, e le informazioni che vi immettiamo, sono praticamente software.

È importante sapere che la PNL non si occupa di entrare nella complessa architettura del funzionamento del cervello; si tratta di ottimizzare i processi e il funzionamento per la convenienza di ciò che ci serve. Proprio come un grande artista, scienziato o intellettuale allena il proprio cervello per poter svolgere il proprio lavoro, così i manipolatori utilizzano la plasticità del cervello attraverso la PNL per controllare l'emotività delle loro vittime e raggiungere gli obiettivi machiavellici della loro agenda nera e segreta.

Ogni volta che incontriamo una persona per la prima volta, il nostro inconscio è segnato a fuoco, non solo dal suo aspetto personale: i suoi vestiti, il suo carisma e la sua personalità, ma soprattutto dal suo linguaggio verbale e non verbale. In generale, le persone carismatiche con una personalità attraente hanno solitamente una gestualità caratteristica e un lessico molto personale. Questo è esattamente ciò che la PNL fa nel nostro cervello: lo plasma in base a ciò che legge dal mondo circostante.

Nell'ambito della PNL esiste un concetto noto come rapport, che significa sintonizzarsi. Quando incontriamo una persona per la prima volta, il cervello coglie una serie di segnali per organizzare una mappa mentale di quella persona al fine di registrarla nella memoria. Sia il linguaggio verbale che quello non verbale formano una sorta di linee guida che verranno incise nell'inconscio, di solito in modo definitivo. Per questo motivo si dice, con grande saggezza, che la prima impressione è decisiva e non c'è una seconda possibilità, perché il cervello è progettato per prendere questa potente prima impressione come qualcosa di radicale per la nostra memoria.

Molti studiosi di ipnoterapia clinica come Milton Erickson, negli anni Settanta, sono giunti alla conclusione di una tecnica psicologica nota come coincidenza e rispecchiamento. Secondo questa tecnica, i gesti verbali e non verbali compiuti da una persona influenzano il cervello degli altri. Ciò include le sfumature della voce, le azioni delle mani, i movimenti della testa, i gesti, gli sguardi, ecc. I neuroni specchio tendono a copiare tutti i gesti delle nuove persone che incontriamo nel corso della nostra vita. L'imitazione corporea è un tratto che i primati hanno ereditato e che anche dopo migliaia di anni di evoluzione ha ancora un grande potere. Ecco perché, inconsciamente, ci identifichiamo con le persone che copiano i nostri gesti quando parliamo.

I manipolatori e le persone della triade della personalità nera lo sanno bene. Sono molto abili nell'utilizzare questo potente gesto per entrare in empatia con le loro potenziali vittime. Gli attori e i politici, così come altre personalità altamente carismatiche, conoscono bene il potere di questa tecnica di mimica per entrare in contatto molto più rapidamente che se conoscessero l'altra persona. Allo stesso modo in cui, durante una seduta con un terapeuta, quando ci viene chiesto di pensare a qualcosa, per esempio a una casa, le immagini che ci vengono in mente sono diverse per ogni persona: alcuni ricorderanno l'odore, altri un quadro del soggiorno, altri ancora la musica che suonava o il cibo che veniva servito sul tavolo della sala da pranzo, ecc.

In PNL, non tutti i sensi sono ugualmente importanti per tutte le persone; ognuno di noi ne sviluppa uno più degli altri. Secondo questa rappresentazione, i manipolatori e i membri della triade nera della personalità la utilizzano per influenzare maggiormente o per ottenere maggiore empatia dalle persone con cui interagiscono. Secondo l'accezione più influente, il concetto di relazione che abbiamo visto in precedenza sarà utilizzato dal manipolatore per ottenere un punto d'appoggio nella mente degli altri. Il manipolatore metterà deliberatamente insieme questi frammenti nella mente di una persona, finché non avrà il controllo totale su di essa.

È un processo lento. La sensorialità verrà sfruttata in base al programma che il manipolatore ha in mente per quella persona. Quando avrà studiato la persona, analizzando i suoi gesti e i suoi gusti, i suoi punti deboli, allora la condurrà lungo il percorso che gli sembrerà più appropriato.

La capacità del manipolatore di introdurre letteralmente i propri concetti e le proprie idee nel cervello degli altri per usarli a proprio vantaggio. Esistono due tecniche principali che sono quasi una chiave per sbloccare qualsiasi mente, per cambiare i suoi schemi e il suo sistema di idee e valori.

1. Valorizzare il positivo e spegnere il negativo:

Come suggerisce il nome, questa tecnica consiste nel far sì che immagini, ricordi, suoni, sapori e odori positivi associati a una persona o a una situazione influenzino altre persone. Imprimere l'impronta dei ricordi associati a una situazione, preferibilmente una in cui il lettore è protagonista, sull'altra persona che vogliamo influenzare positivamente.

Questo farà sì che i ricordi associati, come la musica, le immagini, gli odori, le percezioni tattili e le sinestesie, cioè gli elementi che possono condividere un senso con un altro, siano associati al positivo in relazione a voi come centro della situazione.

D'altra parte, il negativo dovrebbe essere dissipato nel tempo, facendo dimenticare alla persona che vogliamo influenzare gli aspetti sgradevoli per i cinque sensi. In questo modo si otterrà un'impressione positiva sulle persone che scegliamo di marcare con la nostra presenza.

2. Creare motivazione:

I manipolatori creano motivazioni dai ricordi positivi per l'altra persona, stimolando i lobi del cervello che rivivono quelle sensazioni. In questo modo il cervello dell'altra persona vorrà tornare a riattivare quei ricordi e quelle buone memorie, sentendosi motivato dal manipolatore. Ciò si basa sul principio dell'uguaglianza, ovvero un'emozione positiva creerà sempre un'emozione uguale.

CAPITOLO 2: GENEALOGIA DELLA PSICOLOGIA

2.1 Genealogia della psicologia

La psicologia è una disciplina che sembra essere antica quanto l'umanità stessa. L'origine della parola psicologia nel mondo accademico risale al XVIII secolo con il filosofo Christian Wolff (1679-1754), che utilizzò il termine in due delle sue opere, Psychologia empirica (1732) e Psychologia rationalis (1734).

Tuttavia, i suoi principi fondamentali videro la luce alla fine del XIX secolo, quando scrittori e pensatori, come il filosofo pragmatista William James (1824-1910), iniziarono a gettarne le basi. Ma per gli studiosi e i pensatori è stato senza dubbio Sigmund Freud (1856-1939) il padre della psicoanalisi e il precursore dello studio della mente e del comportamento umano.

L'etimologia della parola psicologia deriva dalle parole greche psykhé (anima, attività mentale) e λογία, logía, (trattato o studio). La psicologia si occupa dello studio del comportamento e della condotta di diversi gruppi umani. In senso stretto, non può essere considerata una scienza, poiché non esiste un metodo in grado di prevedere o governare il comportamento della mente umana; in questo senso, si può dire che è una disciplina para-scientifica, cioè utilizza i metodi della scienza, ma non ha il rigore per essere considerata tale.

Si potrebbe dire che esistono due grandi concetti fondamentali, che possono essere applicati allo studio della psicologia: gli psicologi che pongono l'accento sull'analisi soggettiva, con fenomeni come la proiezione dei pensieri, e quelli che sostengono che la psicologia deve essere una scienza i cui principi sono puramente sperimentali ed empirici.

In termini molto più globali, fin dalle sue origini, sono state create diverse branche o discipline derivate dal tronco comune della psicologia, come ad esempio:

XVIII secolo: l'associazionismo del pensatore tedesco Johann Friederich Herbart (1776-1841), critico dell'idealismo di Schelling, Fichte ed Hegel e seguace del pensiero critico e realista di Immanuel Kant (1724-1804), che nelle sue opere afferma che i processi mentali sono basati sul razionalismo empirista.

XIX secolo:

- 1879, Psicologia sperimentale, W. Wundt

- 1890, psicologia funzionalista, William James (James Rowland Angell, 1907)

- 1898, strutturalismo, Edward Titchener, Edward Titchener

- 1896, psicoanalisi, Sigmund Freud

- XX secolo:

- 1911, psicologia applicata, Hugo Münsterberg25

- 1913, comportamentismo, John Broadus Watson

- 1927, psicologia storico-culturale, Lev Vygotski

- 1940, terapia della Gestalt, Fritz Perls

- 1953, Terapia comportamentale, Lindsley, Skinner e Solomon

- 1954, Terapia razionale emotiva comportamentale, Albert Ellis

- 1955, costruttivismo, Jean Piaget e George Kelly

- Anni '60, terapia cognitiva, Aaron T. Beck

- 1962, psicologia umanistica, Associazione Americana di Psicologia Umanistica

- 1967, psicologia cognitiva, Ulric Neisser

- 1973, neuropsicologia, Alexander Luria26

- 1986, connessionismo, Gruppo di ricerca PDP

- Anni '90, psicologia positiva, Martin Seligman, Martin Seligman

- 1992, Psicologia evolutiva, Barkow, Cosmides e Tooby.

- La psicologia nel XXI secolo

L'avvento della tecnologia, e in particolare della virtualità, ha dato alla psicologia una nuova svolta nel XXI secolo. L'emergere di nuove tecniche nella scienza medica, in particolare nella neuropsichiatria e nella neuropsicologia, ha dato origine a nuove teorie e ipotesi rivoluzionarie sul rapporto tra la mente umana e la virtualità.

La psicologia sociale, con i suoi approcci progressisti al genere e alle minoranze, è uno dei fulcri dell'analisi del XXI secolo. Le neuroscienze sociali, ad esempio, sono uno dei nuovi approcci psicologici di oggi. Lo studio dei processi psicologici ha quindi un focus specifico nell'ambito della psicobiologia e delle neuroscienze.

I fenomeni umani sono causati da processi cerebrali, per cui possono essere spiegati oggettivamente solo sulla base delle scienze naturali.

La tecnologia odierna permette di dare una spiegazione più plausibile alle grandi domande della psicologia: dov'è la mente? La coscienza sopravvive alla morte cerebrale? ecc.

Sempre più spesso ci sono strumenti tecnologici migliori e più precisi che non fanno altro che aumentare il divario tra i nostri dubbi e le nostre certezze.

Nel XXI secolo, la psicologia dovrà coesistere con la tecnologia e la virtualità, come il metaverso e la realtà aumentata, e con altre tecnologie e studi psicologici che sono ora in fase sperimentale. Sebbene, fin dalle origini della psicologia e dello studio del comportamento umano, si sia cercato di progredire nella comprensione della mente umana, oggi nessuna scuola psicologica è riuscita a spiegare perché esistono comportamenti anomali nella mente umana.

Rimarrà un enigma per scienziati e filosofi. Psicologi, filosofi e scrittori continueranno a pensare e ad analizzare le diverse anomalie nello spettro del comportamento umano e della mente umana, come gli psicopatici, i narcisisti, i manipolatori e i membri della triade della personalità nera.

2.2 Come funziona la mente dei serial killer

I serial killer sono uno dei fenomeni più interessanti per gli studiosi della mente umana. Sebbene la psichiatria forense abbia condotto ricerche sul funzionamento mentale di questi individui, le cause della loro patologia mentale non sono ancora state determinate. Psicologi e psichiatri ritengono che il tratto fondamentale degli psicopatici e dei serial killer sia l'attenzione e il controllo sugli altri. La manipolazione totale degli altri è l'obiettivo principale di questi individui.

Si sostiene che i serial killer e gli psicopatici non abbiano sentimenti, ma non è vero: ciò che non esiste nella mente di queste persone è l'empatia per i sentimenti degli altri, sono interessati solo ai propri. La consapevolezza che queste personalità oscure hanno delle loro azioni è qualcosa che ha turbato per anni psicologi e psichiatri. Tuttavia, il serial killer, anche se viene dipinto con l'appellativo di "pazzo psicopatico", sa benissimo ogni passo che compie e perché lo compie.

Lo psicopatico non si trova in un mondo di deliri e fantasie: al contrario, sa esattamente cosa vuole dalle sue vittime. Per questi individui non c'è l'alienazione tipica della malattia mentale, ma tutti i pensieri sono ben organizzati per ottenere la manipolazione e la sottomissione della volontà delle loro vittime. A differenza dei casi di patologie mentali come la schizofrenia, in cui questi pazienti possono dire di aver sentito delle voci o che una presenza ha ordinato loro di commettere gli atti che possono compiere durante gli episodi psicotici, lo psicopatico, integrato o meno, fa tutto a partire dalla ragione, anche se può sembrare contorto e immorale al resto degli esseri umani.

La maggior parte dei serial killer, durante i processi svolti dopo i loro crimini, anche se sono della massima atrocità e crudeltà, per la loro mente fanno parte di un piano, di un'agenda che hanno programmato in base alle esigenze che hanno per se stessi in quel momento: queste possono essere economiche, sessuali, legate al lavoro o semplicemente alla noia.

La personalità di uno psicopatico è sempre attraente e simpatica. È normale che cerchi di farsi benvolere, di guadagnarsi la fiducia della vittima mostrandosi amichevole, cordiale, sempre attento e con un carisma molto attraente. Ma, come abbiamo detto nel corso di questo libro, questa è solo un'altra forma di manipolazione psicologica.

La valutazione del dottor Robert Hare è diventata lo standard iniziale per la scala di psicopatia da lui sviluppata. Più alto è il punteggio di una persona, più è probabile che sia uno psicopatico.

Test di psicopatia di Hare: https://www.clinicadella-timidezza.it/scopri-psicopatico-test/

(Contrassegnare il numero con una X, dove 1 è il valore più basso e 3 è il valore più alto)

1. Sento di essere una persona affascinante nei confronti degli altri

2. Penso di valere più degli altri

3. Tendo ad annoiarmi, ho bisogno di stimoli continui.

4. Non posso farci niente, mento in molte occasioni in modo costante e persino patologico.

5. Provo un certo livello di benessere quando sono il leader e manipolo gli altri.

6. Di solito non provo né colpa né rimorso

7. Quando provo qualche tipo di emozione, di solito non è molto profonda.

8. Sento di poter diventare molto insensibile e di avere difficoltà a entrare in empatia con gli altri.

9. È difficile per me ammetterlo, ma tendo a interagire con gli altri per ottenere qualche tipo di beneficio.

10. Quando sono nervosa faccio fatica a controllarmi e posso esplodere da un momento all'altro.

11. Considero il mio comportamento sessuale piuttosto promiscuo.

12. Ho difficoltà a controllare i miei impulsi

13. Sento di non avere obiettivi realistici a lungo termine

14. Mi considero una persona che agisce prima di pensare alle conseguenze.

15. Trovo difficile assumere responsabilità esterne

16. Sento di non essere in grado di accettare la responsabilità delle mie azioni.

17. Le mie storie d'amore sono state relativamente brevi

18. Quando era più giovane, era stato un piccolo delinquente.

19. Ho abusato di droghe o alcol in qualche momento della mia vita.

20. Ho commesso un comportamento criminale di natura diversa

2.3 Profili di assassini famosi:

Le personalità degli psicopatici e dei serial killer affascinano molte persone per la crudeltà e l'atrocità con cui compiono i loro atti. Molti si chiederanno: cosa può differenziare me, una persona comune, se confronto il mio profilo con quello dei più noti psicopatici e serial killer della storia?

Jack lo Squartatore:

Nella Londra vittoriana, un misterioso assassino divenne famoso per aver ucciso in serie le prostitute che apparivano nel quartiere di Whitechapel, nell'East End della capitale britannica. Nulla si sa del vero autore dei crimini, oggi a più di 130 anni dalla loro esecuzione. L'unica certezza su Jack lo Squartatore è che sono legati agli undici crimini che sono diventati noti alla storia come i "Crimini di Whitechapel". Tuttavia, i ricercatori e gli scrittori che ne hanno parlato concordano solo sul fatto che, di questi crimini, cinque erano opera sua: Mary Ann Nichols, Annie Chapman, Elizabeth Stride, Catherine Eddowes e Mary Jane Kelly erano tutte prostitute,ì e l'unica cosa che avevano in comune era la modalità della loro sfortunata morte.

Ed Gein, il macellaio di Plainfield:

Questo serial killer è uno dei più inquietanti in assoluto. Il suo comportamento brutale e grottesco ha ispirato il film Psycho, ma anche American Psycho e Il silenzio degli innocenti. In una cittadina del Wisconsin apparve un uomo misterioso e tenebroso, che avrebbe sconvolto l'ordine e la tranquillità della vita nel sonnolento borgo. Quando la polizia iniziò a indagare sulla base di segnalazioni di persone scomparse, si imbatté infine in una fattoria, trovando un macabro reperto al piano terra della proprietà: vari oggetti fatti di pelle umana e resti simili a teschi, alcuni dei quali servivano persino da lampade. Sebbene si sia detto che Ed Gein praticasse la necrofilia con i cadaveri delle donne che uccideva, ciò non è stato provato in modo attendibile. Nell'ambito del profilo forense di questo assassino, è stato affermato che aveva un rapporto complesso di Edipo con la madre. Dopo il processo, Ed Gein finì i suoi giorni in un manicomio psichiatrico e morì il 26 luglio 1984.

John Wayne Gacy, il clown assassino:

Una delle figure associate a molte saghe horror sono i clown. L'origine di questa associazione ha a che fare con i crimini commessi da John Wayne Gacy. Questo serial killer è nato nel 1942 a Chicago. La storia di maltrattamenti da parte del padre alcolizzato, che lo umiliava e lo picchiava quando arrivava a casa ubriaco, ha traumatizzato questo futuro assassino. Pur essendosi sposato poco più che ventenne, la sua carriera criminale iniziò con l'abuso di due ragazzi minorenni. Fu condannato a dieci anni di carcere, ma dopo sedici mesi, grazie alla sua buona condotta come detenuto, fu rilasciato sulla parola.

Lavorando come impiegato in una catena di fast food, si conquistò la simpatia della gente del suo paese, animando di tanto in tanto le feste dei bambini vestito da clown, una sorta di alter ego che battezzò Pogo. Alla fine del 1978, la polizia fece irruzione nella casa di Pogo, il clown assassino, cioè Gacy: nel terreno del suo cortile, la polizia trovò sepolti alcuni corpi di 33 giovani tra i 15 e i 21 anni; altri, Gacy li aveva seppelliti sulle rive del fiume Des Plaines.

Sebbene durante il processo abbia affermato di soffrire di un disturbo schizoide della personalità, sostenendo che era stato Pogo il Clown a spingerlo a commettere gli efferati crimini, la giuria non gli ha creduto ed è stato condannato a morte. John Wayne Gacy, alias Pogo, il Clown assassino, è morto per iniezione letale nel 1994.

Ted Bundy:

Uno dei serial killer più affascinanti, che ha applicato tutte le tecniche dei manipolatori, dei narcisisti, dei machiavellici e delle personalità della triade nera, è stato Ted Bundy. Theodore Robert Cowell, nome di battesimo dell'assassino, nacque a Burlington, nel Vermont. Era un brillante studente di legge e psicologia. Il suo fisico attraente, il suo carattere e il suo carisma lo resero molto popolare, soprattutto tra le donne. Era l'uomo perfetto che ogni ragazza desiderava avere. Secondo gli esperti, la rottura con una delle sue fidanzate, Stephanie Brooks, potrebbe essere stata una delle cause scatenanti dello squilibrio di Ted.

Dopo aver detto addio alla sua ex fidanzata, Stephanie, Ted Bundy iniziò la sua sanguinosa carriera che lo avrebbe portato ad essere conosciuto come uno dei più feroci serial killer della storia moderna. Nel 1974, Bundy iniziò la sua furia criminale aggredendo una donna di nome Joni Lenz con una spranga di ferro e poi abusando sessualmente di lei.

Bundy fingeva di essere un uomo con un braccio armato per chiedere a giovani donne, di solito brune, di aiutarlo con il guasto della sua auto, per poi rapirle, stuprarle e ucciderle. Indossando un'uniforme della polizia, riusciva a persuadere molte delle sue vittime. Tuttavia, nel 1975, questo cambiamento nel suo modus operandi portò una vera e propria pattuglia di polizia a catturarlo con elementi che corrispondevano alle indagini forensi che lo vedevano come principale sospettato.

In seguito alla sua confessione di 30 omicidi di donne, Bundy fu processato. Nel 1976 fu condannato a quindici anni di prigione per i suoi crimini, ma riuscì a fuggire dal carcere; dopo la sua cattura evase due volte, nel 1977, fino a quando non fu nuovamente catturato dalla polizia. Dopo un lungo processo, Bundy fu condannato a morte sulla sedia elettrica nel 1989.

Jeffrey Dahmer:

Conosciuto come il Macellaio di Milwaukee, Jeffrey Dahmer è tornato in auge grazie a una miniserie sui suoi crimini. Nato a Milwaukee nel 1960, Dahmer mostrò inizialmente un grande amore per gli animali. Quando i suoi genitori litigavano e la loro relazione andava in pezzi, il ragazzo, Jeffrey, si recava nei boschi per coltivare la sua introversione. Il suo comportamento divenne oscuro e inquietante: Jeffrey iniziò a collezionare animali morti da dissezionare.

Con l'avanzare dell'età, Dahmer cominciò ad essere attratto da altri giovani uomini. Fantasticava di fare sesso violento, ma nei suoi desideri contorti c'era anche una morbosa pulsione di morte. Per eludere questi ultimi e i continui litigi dei genitori, iniziò a bere in modo compulsivo.

Gli impulsi necrofili e omosessuali di Dahmer lo portavano a cercare vittime nei bar gay più frequentati. Lì organizzava gli incontri e poi li portava nel suo appartamento, dove li uccideva senza pietà. Dopo averli macellati, metteva i corpi nel frigorifero. Il cattivo odore della carne in decomposizione attirava l'attenzione dei vicini. Il suo modus operandi con le vittime era incentrato sulle sue motivazioni omosessuali. Dopo averci provato con loro nei bar, li portava a casa sua e poi iniziava a dar loro del denaro per farli comportare da modelli erotici.

Tra l'elenco degli uomini uccisi da Dahmer ci sono: Richard Guerrero, James Doxtator, Anthony Sears, Raymond Smith, Edward Smith, Ernest Miller, David Thomas, Curtis Straughter, Errol Lindsey, Konerak Sinthasomphone, Tony Hughes, Oliver Lacy, Matt Turner e Joseph Bradehoft.

Nel 1991, Dahmer incontrò un giovane afroamericano, Tracy Edwards, al quale gli offrì 100 dollari per posare come modello. Per una serie di circostanze, il giovane riuscì a fuggire e a trovare una pattuglia della polizia, alla quale mostrò il luogo in cui Dahmer portava le sue vittime per ucciderle. Uno dei poliziotti notò il cattivo odore e le fotografie dei corpi smembrati. Questo portò all'arresto di Jeffrey Dahmer, il Macellaio di Milwaukee, dopo aver ucciso undici uomini.

Durante il processo, Dahmer ha ammesso atti di necro-filia e pratiche cannibalistiche con gli uomini che ha ucciso. Dopo essere stato processato per quasi quindici crimini, è stato condannato ad altrettanti ergastoli. L'anno era il 1992. Due anni dopo, durante una rissa intramuraria con un altro detenuto, Jesse Anderson, lo ferì alla testa con una sbarra di metallo, come disse lui stesso "perché Dio mi ha detto di farlo", poiché sapeva degli efferati crimini di Dahmer dalla stampa, così decise di giustiziarlo.

2.4 Politici manipolatori: Hitler, Stalin, Mao, Fidel Castro, ecc.

Un'altra attività perfetta per psicopatici, manipolatori e persone della triade nera è la politica. L'uso di risorse ver-bali, gestuali e simboliche significa che in questo campo ci sono stati casi di psicopatici che sono arrivati al potere at-traverso la manipolazione e la menzogna. In politica e nelle campagne elettorali, così come nell'esecuzione del potere da parte del governo, la comunicazione attraverso i media di-sponibili è importante. La manipolazione è necessaria per persuadere gli elettori. La manipolazione è insita nella ge-netica degli esseri umani. I bambini piccoli la imparano ra-pidamente: piangendo, scalciando o attirando l'attenzione della madre per ottenere cibo, protezione e attenzione.

Il destinatario del messaggio del politico deve essere sottomesso, docile e indifeso. Per le masse il meccanismo politico è più facile del pensiero critico. Questo fa sì che molte persone sostengano la demagogia populista, che offre protezione allo Stato per le classi più vulnerabili e svantag-giate.

71

Il leader politico deve dimostrare altruismo e identificarsi con la gente comune. Per fare questo, bisogna far credere all'elettore che ha bisogno di lui nella sua vita per aiutarlo a guidarla. C'è un'identificazione con gli obiettivi dell'elettore, una nozione di sacrificio attraverso la quale, dice, otterrà solo soddisfazione spirituale e morale, oppure lavorerà per il bene del Paese.

I grandi manipolatori politici usano spesso il vittimismo per guadagnarsi la simpatia degli elettori. Inoltre, si schierano contro i loro nemici politici che vogliono distruggerli. A tal fine, argomenti come le società segrete, l'opposizione, l'interferenza di governi stranieri, assumono la forma del nemico.

Tra i grandi manipolatori della storia ricordiamo:

Adolf Hitler:

Durante i suoi discorsi a Monaco, sostenne che ebrei e comunisti avrebbero portato alla rovina la Germania impoverita dopo il Patto di Versailles. Con questo discorso di persecuzione e poi di imprigionamento per aver tentato un colpo di Stato, si conquistò la simpatia dell'ala conservatrice che era stufa della politica di sinistra. All'uscita dal carcere, dove scrisse il suo libro più famoso" La mia lotta", si alleò con Paul von Hindenburg, figura di spicco della politica tedesca, che gli diede il suo appoggio incondizionato. Infine, nel 1933, Hitler riuscì a prendere il potere come cancelliere del Reich tedesco. Sei anni dopo, scatenò una delle guerre più sanguinose della storia, causando milioni di morti.

Fidel Castro Rus:

Fidel Castro è riuscito a conquistare il potere anche attraverso la manipolazione e le abilità verbali e simboliche. Riuscì a integrare un gruppo di ribelli contro il governo di Fulgencio Batista. Si caratterizzò come uomo di grande carisma, abilità verbale e capacità di leadership, che lo resero l'uomo a capo del governo che rimosse il dittatore cubano. Tuttavia, i suoi metodi di amministrazione della giustizia e le caratteristiche del modello dittatoriale comunista hanno portato Fidel Castro a essere riconosciuto come uno dei tiranni di sinistra più ferrei della storia, essendo rimasto al potere dal 1959 fino alla sua morte nel 2016.

Josef Stalin:

È stato a capo dello Stato sovietico, sia nel ruolo di segretario generale del Comitato Centrale del Partito Comunista dell'Unione Sovietica tra il 1922 e il 1952, sia come presidente del Consiglio dei ministri dell'Unione Sovietica tra il 1941 e il 1953, anno della sua morte. Come la maggior parte dei leader politici, le sue sfaccettature lo rendono un personaggio eterogeneo: come leader dal pugno di ferro della sua nazione, riuscì a posizionarla dopo la Seconda Guerra Mondiale come una delle potenze militari e nucleari del mondo, ma in termini di libertà individuali e di crescita economica pro capite, il suo Paese rimase sempre indietro rispetto alla ricchezza delle potenze occidentali. Fu un abile gestore dell'immagine di sé, esibendo un costante culto della personalità e utilizzando ogni elemento a sua disposizione per esercitare il potere con il pugno di ferro, giustiziando anche i membri della sua cerchia ristretta per raggiungere i

73

suoi obiettivi. Tra i suoi principali crimini vi furono l'epurazione attuata all'interno del partito negli anni Trenta e l'olocausto contro il popolo ucraino, noto anche come Holodomor, che portò alla morte per fame di circa 12 milioni di persone.

Mao Tse Tung:

È stato uno degli artefici della coesione della Cina come potenza industriale, fondando, attraverso le sue politiche e la sua ideologia, la struttura della Repubblica Popolare Cinese. Emerso come uno dei principali filosofi della rinascita della Cina come uno dei Paesi più importanti del mondo, Mao raggiunse l'impresa di essere il timoniere della nazione più popolosa del mondo. Tuttavia, la necessità di raggiungere questo obiettivo non lo portò ad avere compassione per i bisogni della popolazione, portando alla morte per fame di milioni di contadini, che dovettero consegnare i loro strumenti di lavoro ai membri del partito che dovevano completare le statistiche di industrializzazione come potenza siderurgica e mineraria.

2.5 Come il profiler comprende la manipolazione psicologica

La psichiatria moderna ha affrontato il tema degli psicopatici integrati e non integrati per comprendere le motivazioni profonde di questi soggetti oscuri. Forse una delle questioni più complesse è quella di sapere quali siano le reali motivazioni che stanno dietro alla manipolazione degli individui della triade nera, degli psicopatici e dei narcisisti. A volte è difficile tracciare un profilo della personalità per farla rientrare in una delle categorie esistenti: narcisista, psicopatico integrato o non integrato, manipolatore, personalità schizoide, ecc.

Non esiste una prescrizione. È qualcosa che qualsiasi psichiatra con sufficiente esperienza prende in considerazione per classificare in base al profilo offerto. Occasionalmente, secondo l'esperto psicologo clinico e psichiatra forense Robert Hare, alcuni individui fingono di essere psicopatici, ma ci sono tratti marcati che fanno sì che quando un esperto si trova di fronte a un individuo del genere, non esita a classificarlo come psicopatico.

Sebbene per ogni manipolatore e psicopatico esistano motivazioni diverse e agende segrete, la cosa principale che una di queste personalità oscure desidera è prendere il controllo per soddisfare un desiderio che lo muove in direzione della sua vittima in quel preciso momento. Le abilità verbali, così come il modo di comunicare non verbale, fanno parte del repertorio che, a seconda delle esigenze del manipolatore, cambierà, seguendo un copione prestabilito.

Il manipolatore cambierà sempre la versione dei fatti per giustificare il suo atteggiamento, anche se è ingiustificabile, dirà che lo ha fatto per fare qualcosa di buono per la sua vittima. Negherà sempre ciò che ha fatto. Il cinismo è una qualità essenziale per tracciare il profilo di una persona di questo tipo. Sullo sfondo di tutta la rete che il manipolatore emotivo tesse, c'è la motivazione dell'esaltazione del suo ego, del suo narcisismo patologico e del suo bisogno di controllare e avere potere su ogni singola azione della vittima.

75

La chiave per il profiler del manipolatore risiede nelle diverse tecniche di persuasione utilizzate dal predatore, nel modo in cui le usa per ottenere ciò che vuole dalla sua vittima. Secondo un modello noto in psicologia come PEN di Eysenck[3] , secondo il quale i manipolatori, i narcisisti e gli psicopatici potrebbero utilizzare diverse caratteristiche della personalità per influenzare le altre persone.

Per tracciare il profilo della personalità di un manipolatore o di qualsiasi altro membro della triade nera, bisogna partire da un insieme di coordinate che, nella teoria di Eysenck, sarebbero rappresentate da un cubo tridimensionale, in cui, a seconda delle caratteristiche individuali, quali:

Estroversione/Introversione: soppressione della socievolezza e dell'impulsività, così come a livello di riflessione del carattere della personalità.

-Neuroticismo/Stabilità emotiva: è il livello di preoccupazione o di mancanza di preoccupazione, di sicurezza o di mancanza di sicurezza, i livelli di ansia, ecc.

-Psicotismo/Empatia: si riferisce al livello di paura, empatia, creatività e al livello di riflessione su una determinata situazione.

---

[3] Il Modello Psicobiologico di Personalità di Eysenck: una storia proiettata nel futuro.Schmidt,V.*, Firpo,L., Vion,D., DeCostaOliván,M. E., Casella, L., Cuenya, L., Blum, G. D., e Pedrón, V. https://revistapsicologia.org/index.php/revista/article/view/63/60

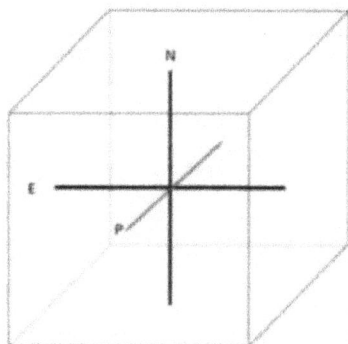

Modello di dimensione di Eyseck

Secondo questo modello, le dimensioni fondamentali per Eyseck sono rappresentate nel cubo come segue: (E) Estroversione, (N) Nevroticismo e (P) Psicotismo. Ogni persona può essere collocata sul cubo in base al grado di appartenenza a ciascuna di queste componenti. In questo modo, i valori direzionali all'interno del cubo possono oscillare; non saranno mai assoluti, ma avranno diverse variazioni.

N

Tristezza - depressione - timidezza - ansia - tensione - paura - senso di colpa - irrazionalità - imbarazzo - malumore - emotività - preoccupazione

E

socievolezza - attività - assertività - disinvoltura - dominanza - ricerca di sensazioni (socializzata) - audacia - spontaneità - rapidità

P

impulsività - aggressività - ostilità - freddezza - egocentrismo - alta empatia - crudeltà - creatività - mancanza di conformità - durezza mentale

2.6 Le 10 principali tecniche di manipolazione predatoria

Per ottenere il controllo sulle emozioni degli altri, le personalità dei manipolatori applicano diversi tipi di tecniche efficaci. I ricercatori hanno individuato un'ampia varietà di tali tecniche, ma noi le riassumeremo in dieci, che rappresentano una sorta di compendio della manipolazione predatoria:

1. Proiezione:

I manipolatori utilizzano questa tecnica, quasi sempre molto efficace. In breve, la proiezione consiste, come suggerisce il nome, nell'eludere qualsiasi tipo di accusa per gettarla sull'altra persona o proiettarla. Quando qualcuno è infedele, ad esempio, e il partner lo accusa con prove, il manipolatore ricorrerà a questa tecnica affermando di non essere colpevole di ciò di cui è accusato e additerà l'altra persona con un pretesto qualsiasi per partire per la tangente: "hai anche flirtato con X, durante la festa di compleanno di nostra figlia, perché ti ho visto sorridere con lei".

2. Rinforzo intermittente dello stimolo:

Questa tecnica ha a che fare con una sorta di ricompensa con cui il manipolatore cerca di conquistare l'affetto della sua vittima. Ad esempio, può adulare una donna che vuole conquistare, dicendole che sta benissimo, che i vestiti che ha comprato le donano molto, che ha una bella voce, inviarle emoji o canzoni romantiche per rafforzare il legame di dipendenza positivo. In ogni caso, se le cose non vanno come il manipolatore vuole, applicherà la seguente tecnica di punizione.

3. Rinforzo negativo:

Se le cose non vanno come previsto dal manipolatore, si applica un rinforzo negativo. In breve, questa tecnica applica l'indifferenza o il cosiddetto ghosting alla vittima, ignorando i suoi messaggi, le sue chiamate o le sue suppliche di riprendere i contatti quando il manipolatore ritiene che la vittima non abbia fatto la cosa giusta, cioè abbia smesso di dargli il controllo o di fare ciò che il manipolatore le dice di fare.

4. Conflittualità:

Discutere e litigare in modo assurdo e per qualsiasi cosa è una delle tecniche preferite per distrarre, sviare e infine riprendere il controllo quando si ha la sensazione di non avere più il controllo. Il litigio può nascere nel momento meno atteso e per una situazione che non è direttamente collegata all'oggetto del malcontento. Ad esempio, il colore di un capo d'abbigliamento può scatenare un conflitto in cui è in gioco l'atteggiamento arrogante o lo status sociale della famiglia del partner. Questo ha senso quando si tratta di riprendere il controllo: una volta che la vittima cede o accetta di aver subito un torto, cercherà la riconciliazione con il manipolatore.

5. Gaslighting:

Si tratta di una delle tecniche abituali di manipolatori, narcisisti e personalità della triade nera. Si ispira a un film degli anni '40, in cui il protagonista faceva dubitare il suo interlocutore modificando il rubinetto del gas per rendere la luce più fioca o più intensa, alterando la percezione della realtà che aveva in quel momento. Così, la tecnica del gaslighting fa sì che la vittima dubiti della certezza dei fatti, e quindi della sua memoria e del suo uso della ragione. Il manipolatore potrà argomentare, quando la vittima gli dice che erano in un determinato luogo e in un determinato giorno, dicendogli che non è così, che non sono mai stati lì, per esempio. Se hanno bevuto una birra, possono dire alla vittima che erano sotto l'effetto dell'alcol, al fine di distorcere la realtà togliendo o mettendo elementi, persone o cose a loro favore.

6. Distruzione dell'autostima:

Un'altra tecnica dei manipolatori consiste nel distruggere l'autostima della vittima. L'autostima è uno dei principali meccanismi di autostima e di identificazione della mente e dell'ego. Per i manipolatori, minare l'autostima, sminuire le capacità e i punti di forza della vittima, è essenziale per ottenere il controllo quando la vittima perde l'autostima.

7. Menzogna compulsiva:

Una caratteristica delle personalità della triade nera, tra cui si trovano i manipolatori, ha a che fare con la menzogna compulsiva. Tutte le persone, in un momento o in una circostanza della loro vita, hanno mentito in un modo o nell'altro. Tuttavia, nel caso dei manipolatori, ciò che rende la menzogna così tossica sono le conseguenze e il livello di menzogna. Le persone normali, dopo aver mentito, di solito ammettono di averlo fatto e si scusano, secondo la coscienza che hanno; ma per il manipolatore e le altre personalità della triade nera, non esiste una cosa del genere: si tratta solo di affari. La menzogna è un meccanismo per prendere il controllo delle loro vittime, e se questo dipende dal tipo di menzogna e dalle sue conseguenze, allora non si faranno scrupoli a mentire in modo compulsivo. Le bugie del manipolatore possono essere relative o assolute, cioè può mentire su tutto ciò che dice, oppure può mentire solo su parti specifiche della sua storia per ottenere ciò che vuole.

8. Sensi di colpa e minacce:

Per il manipolatore, controllare i sentimenti della vittima, sia attraverso l'autoflagellazione, cioè facendola sentire in colpa, sia minacciandola, sono due modi per usare la paura o l'empatia della vittima a proprio vantaggio. Il senso di colpa fa sì che la vittima si senta violata e percepisca di aver sbagliato, concedendosi al manipolatore perché sente di dovergli qualcosa in cambio di un presunto affronto che non ha commesso; in alcuni casi, difendersi dall'abuso del manipolatore fa sì che il manipolatore la rimproveri e si senta in colpa.

Le minacce, invece, sono un altro potente meccanismo di costrizione della vittima. L'ego del manipolatore è solitamente molto debole e si sente attaccato dalle sue insicurezze. Per questo motivo può usare indiscriminatamente la minaccia come meccanismo di difesa per prendere il controllo della vittima. Quando la vittima si rifiuta di fare ciò che il manipolatore richiede, egli ricorrerà alla minaccia di dire, di fare qualcosa, di aggredire o di qualsiasi altra cosa che possa generare paura nella vittima per indurla a cedere alle richieste del manipolatore. In sostanza, con la minaccia, il manipolatore intende togliere alla vittima il diritto di dire la sua, di decidere e di scegliere.

9. Legge del ghiaccio:

Questa tecnica potrebbe anche essere chiamata Legge del Silenzio, ma è diventata popolare come Legge del Ghiaccio, dato che il manipolatore applica la distanza, l'indifferenza e la mancanza di attenzione come forma di punizione per la sua vittima, quando ritiene che abbia trasgredito le regole di controllo che gli impone. Il manipolatore non riconosce l'altro come soggetto valido, cioè cessa di esistere e, di conseguenza, non gli parla, lo ignora, non lo prende in considerazione. Attraverso questa legge del ghiaccio, il manipolatore riesce a far cedere la vittima cercando e chiedendo la sua attenzione, scusandosi o cedendo alla sua volontà, in modo che l'abusante possa riprendere il controllo della sua vita.

10. Controllo mentale:

Per il manipolatore, controllare la sua vittima nel miglior modo possibile è una forma di potere. Per questo motivo, al minimo accenno di ribellione da parte della sua vittima, creerà un conflitto, una lotta o una discussione, per riprendere il controllo in qualsiasi modo ritenga opportuno. Il controllo mentale è una tattica molto efficace per il manipolatore. Può esercitarlo in diversi modi, come, ad esempio, controllare il denaro, il tempo o i luoghi in cui il partner si reca; può modificare l'orario del lavoratore, punirlo o togliergli le ore di lavoro, quando non fa ciò che vuole, nell'ambiente di lavoro; nell'ambiente sociale, può smettere di tenerlo in considerazione per eventi, incontri o feste, quando il manipolatore ritiene che la sua vittima non abbia fatto ciò che doveva, cioè cedere anche nei suoi desideri e pensieri al controllo del manipolatore.

Poiché le personalità della triade nera, machiavellici, narcisisti e psicopatici, tendono a utilizzare queste tecniche in modo ripetuto e con un chiaro schema stabilito, sia gli psicologi che gli psichiatri sono riusciti a individuarle in modo che la vittima riconosca quali sono gli elementi principali per sapere se qualcuno è controllato da una di queste personalità oscure. Questo argomento ci conduce al prossimo capitolo, dove esamineremo cos'è il controllo mentale e come avviene, indicando al contempo la migliore strategia per evitarlo.

CAPITOLO 3: STRATEGIE PER CONTRASTARE LA MA-NIPOLAZIONE MENTALE

3.1 Le 10 principali tecniche di controllo mentale

La manipolazione e le personalità della triade nera sono spesso chiare sulle tecniche con cui esercitano il controllo mentale sulle loro vittime. Attraverso tecniche derivate dalla PNL, i manipolatori entrano letteralmente nella mente delle loro vittime, le controllano e ottengono ciò che vogliono come parte del loro programma oscuro. Conoscendo queste dieci tecniche pratiche ed efficaci utilizzate da questi individui, sarete in grado di contrastare la manipolazione mentale se siete vittime.

1. Usare una falsa compassione:

La falsa simpatia è una delle tecniche principali dei manipolatori per prendere il controllo mentale della loro vittima. Sorridere costantemente e mostrare un volto piacevole è, per il cervello umano, essenziale per trovare tratti empatici. Per questo motivo il manipolatore si presenterà come una persona particolarmente simpatica e gradevole; potrà mostrare un senso dell'umorismo, a volte nero, per ottenere la fiducia della sua potenziale vittima. La nostra mente è molto più empatica con i volti che mostrano un sorriso e sono amichevoli in tutte le loro espressioni corporee, sia verbali che non verbali. È per questo motivo che una persona simpatica e amichevole, che sorride e ha una cordialità gestuale, risulta più piacevole, attraente e genera maggiore fiducia agli occhi degli altri. Siate altrettanto comprensivi con chi è manipolatore o sospettate di esserlo. Questo contrasterà le sue intenzioni nei vostri confronti, anche se non lo sopportate.

2. Avere l'esclusività del tempo per il conduttore:

Quando qualcuno passa del tempo con noi, ci fa sentire speciali. Il significato intrinseco è che siamo diversi dagli altri. Ecco perché i manipolatori usano questa tecnica come principale asso nella manica. Preoccuparsi di tutto ciò che ha a che fare con la vita di una persona, dei suoi problemi, dei suoi desideri, dei suoi sogni, delle sue delusioni, ecc. genera un'immediata simpatia verso quella persona che si preoccupa in modo genuino e senza chiedere nulla in cambio. La tecnica di passare del tempo con la vittima fa sì che questa dia tutta la sua fiducia all'autore del reato, senza sospettare nulla di lui. Interessatevi allo stesso modo alla persona che credete o sospettate sia un manipolatore e che vi ha messo nel mirino.

3. Usate la seduzione a vostro vantaggio:

Il termine seduzione viene generalmente utilizzato per indicare un interesse sessuale o affettivo. Tuttavia, può essere utilizzato per molti tipi di situazioni e ambienti, come quelli lavorativi o sociali. Proprio come fa un abile manipolatore, vestitevi bene, parlate con un vocabolario insolito, siate espressivi e lusinghieri; abbiate una postura corretta del corpo che irradi sicurezza. Non apparire fragile o debole di fronte al manipolatore: l'autostima e la fiducia in se stessi sono elementi che disarmano questi individui.

4. Siate perspicaci nei confronti del manipolatore:

Usare l'arma dell'intuizione con il manipolatore può portarlo a essere vulnerabile con voi e a mostrare il suo lato più debole. Analizzate ogni parola e gesto del vostro potenziale manipolatore. Anche se avete il sospetto di trovarvi di fronte a un manipolatore, utilizzate ogni elemento per analizzare la sua risposta, anticipando ciò che potrebbe fare. Spingersi oltre, cercando di indovinare cosa farà, è qualcosa che può lasciare il manipolatore inerme.

5. Avere sangue freddo:

Il tratto caratteristico del manipolatore è il "sangue freddo", il che significa che dovreste sempre tenere la mente concentrata sull'autoprotezione e non mostrare le vostre carte. Essere troppo empatici o troppo gentili fa di voi solo un agnello per il lupo. Siate molto più diretti e schietti, in modo che il manipolatore sappia che non state al suo gioco. Siate aggressivi con la vostra tecnica preventiva, utilizzando gli stessi strumenti che usa il manipolatore.

6. Mentire senza sensi di colpa:

Come abbiamo detto, la menzogna è uno dei tratti principali del manipolatore. Non avrà problemi a farlo per convincervi a continuare a dargli ciò che vuole. Se giocate le stesse carte, cioè se smettete di essere così puliti e morali, questo può ritorcersi a vostro favore. La menzogna può essere usata come scudo, come arma per difendersi dalle bugie che, a sua volta, il manipolatore vi racconta. Se il manipolatore insinua o scopre che gli avete mentito, negatelo, vi lascerà sconcertati.

7. Esagerare le proprie capacità:

Una delle armi più comuni utilizzate dal manipolatore consiste nell'esagerare i propri risultati. Può dire di essere stato il miglior studente della classe, anche se in realtà aveva voti mediocri. Può dire di essere stato in diversi Paesi del mondo, anche se non ha mai messo piede fuori dalla sua città. Dovete esagerare molto di più, in competizione con il manipolatore, per metterlo fuori posto. Non c'è niente che questi tipi di personalità odino di più che avere una vittima che cerca di essere più megalomane di loro.

8. Vedere i difetti del manipolatore:

La controparte dell'adulazione è la critica. Se iniziate a concentrarvi sui difetti e sugli errori dell'altro, cioè del vostro potenziale manipolatore, questi non avrà modo di difendersi, perché state mettendo a nudo una delle sue più grandi debolezze: la fragilità del suo ego. Criticando il manipolatore e vedendo i suoi difetti, vi metterete al di sopra di lui, rendendovi più potenti. Questo lo farà ricredere su di voi e farà marcia indietro nei suoi tentativi di manipolazione, o potrebbe addirittura farvi salire di livello. In ogni caso, non dovete cedere alla pressione esercitata dal manipolatore.

9. Dire ciò che il manipolatore vuole sentire:

"Sei una persona meravigliosa e molto intelligente". Questo tipo di complimenti e lodi sono ciò che la mente del manipolatore vuole sentire da voi. Se utilizzate questa esca per agganciare il manipolatore, avrete un vantaggio strategico. Penserà che siate caduti nella sua trappola di fascino superficiale. Quindi, se fate lo stesso gioco del manipolatore, avrete la garanzia di convincerlo che state cadendo nella sua trappola, quando la realtà è ben diversa. Più aumentate l'ego del manipolatore chiamandolo con aggettivi altisonanti, più lui crederà che state cadendo nella sua trappola.

10. Ascoltare i desideri del conduttore:

Se siete disposti ad ascoltare il manipolatore e i suoi desideri, potete scoprire cosa sta pensando e cosa vuole da voi. In generale, questi individui spesso si tradiscono dicendo o confessando ciò che vogliono da voi, senza dirvelo esplicitamente. Se, ad esempio, vi dicono che il loro sogno è avere qualcosa che voi avete o che avete sperimentato, potete iniziare a capire che tipo di programma questa mente ha per voi. Se fate così, a poco a poco con il manipolatore, ascoltando i suoi desideri, comincerete a svelare davvero il motivo conduttore del suo interesse per voi.

Una tecnica in più:

11. Portate il manipolatore nella vostra sfera di potere:

Una delle tattiche di controllo più efficaci consiste nell'allontanarvi dalla vostra sfera di potere. Portarvi in un luogo in cui il manipolatore si trova a suo agio vi dà tutto il controllo, vi rende più potenti. Se invece dite al manipolatore che non potete partecipare a una cena di famiglia o di lavoro nel luogo stabilito dal manipolatore e lo cambiate con un luogo che conoscete bene, dove ci sono persone vicine a voi che sanno chi siete e vi conoscono, avrete tolto con successo l'arma dalle mani del manipolatore. Vi sentirete insicuri. Molto probabilmente avrete qualche scusa per non uscire dalla vostra zona di controllo per entrare nella sua sfera di potere.

3.2 Come riconoscere di essere vittima di manipolazione mentale

I manipolatori sono spesso molto sottili nel prendere il controllo della mente delle loro vittime. Man mano che manipolano sempre più persone, questi predatori emotivi e psicologici perfezionano le loro tecniche per usarle in futuro contro le loro potenziali prede. Vi starete chiedendo: come faccio a sapere se sono vittima di un manipolatore mentale?

1. Parlate più di voi stessi che del vostro interlocutore:

Far parlare la vittima di sé è una delle strategie principali del manipolatore per conoscere meglio i suoi desideri, i suoi bisogni, le sue insicurezze e le sue illusioni. Spesso si tratta di un gioco molto sottile, perché il manipolatore sa cosa deve fare per prendere il controllo. Parlare di sé può rendere la vittima facilmente seducibile: ma ascoltare ciò che la preda ha da rivelare su di sé è ciò che interessa davvero al manipolatore. Sentirsi troppo fragili e aperti per raccontare al potenziale manipolatore le proprie simpatie, i propri desideri, i propri segreti, le proprie frustrazioni e le proprie speranze può farvi pensare che qualcuno finalmente si interessi a voi in modo disinteressato. "Dimmi tutto quello che vuoi", potrebbe dire il manipolatore. Ma in realtà sta prendendo nota di tutto ciò che dite e lo usa contro di voi. Quindi, se vi trovate a parlare troppo della vostra vita con qualcuno che può essere identificato come un potenziale manipolatore, potreste essere sulla lista delle prede del predatore.

2. Fa favori in modo continuo e disinteressato:

Spesso non è così facile ottenere un aiuto vero e autentico. Il manipolatore lo sa bene. Quando qualcuno si rivolge a lui per chiedere aiuto, sa di avere già un grande vantaggio su di lui. Sebbene aiutare gli altri faccia parte dell'empatia e della compassione biologica con cui ci siamo adattati a sopravvivere attraverso le fasi evolutive, per il manipolatore questa è l'occasione ideale per ottenere un ostaggio emotivo attraverso il suo "aiuto disinteressato". "Hai bisogno di soldi? Non preoccuparti, dimmelo e ti aiuterò". "Perché non mi hai detto se ne avevi bisogno?". "Gli amici servono a questo, a servire e aiutare": queste possono essere formule di cortesia comuni per persone veramente empatiche e oneste, ma se notate che qualcuno è sempre disposto a servire senza alcun tipo di retribuzione, allora fate attenzione, perché potreste essere vittima di un manipolatore.

3. Minaccia o avverte delle conseguenze se non si fa quello che dice il manipolatore:

La punizione sociale è un modo efficace per controllare qualcuno quando infrange le regole e si ripercuote sugli altri. Ma quando qualcuno decide di prendere una decisione da solo e qualcun altro lo minaccia o lo avverte di "pensarci due volte prima di farlo", è quasi certamente vittima di un manipolatore. Queste personalità oscure vogliono che voi perdiate il controllo su di voi e lo diate a loro. Per questo motivo, è frequente sentire che minacciano di rivelarvi un segreto comune che avete già spifferato o perché avete deciso di allontanarvi dal manipolatore.

4. Sono controllori compulsivi:

Queste personalità manipolatrici sono spesso particolarmente controllanti. Vogliono sapere tutto di voi. Il tempo, il luogo, le persone che vi accompagnano, il denaro che portate con voi e che intendete spendere, gli itinerari, ecc. Spesso danno l'impressione di essere agenti dei servizi segreti, perché tengono d'occhio tutto ciò che fate: dalla rotta del volo che avete preso, agli orari di apertura del ristorante dell'hotel dove avete prenotato, ecc. Spesso controllano i telefoni cellulari o i computer degli altri. Vogliono conoscere i vostri amici e esprimere opinioni su di loro, perché non vogliono che perdiate il controllo su di voi. Se avete notato uno di questi comportamenti esercitati da persone a voi vicine, è molto probabile che abbiate a che fare con un manipolatore compulsivo.

5. Usano le critiche per umiliare e minare la propria autostima:

Criticare è uno dei modi più comuni di offendere in ambito sociale. Può essere un comportamento normale, per rompere il ghiaccio in un gruppo in cui si è integrati. Tuttavia, per i manipolatori, criticare e umiliare è una strategia di controllo fondamentale. "Quei vestiti non ti stanno bene", "sei brutto", "sei grasso", "non sei abbastanza bravo per questo lavoro", "non so perché ti ho notato", ecc. Attraverso questa strategia di critica e umiliazione costante, il manipolatore mina l'autostima della vittima, per poi adularla di nuovo e premiare la sottomissione e la fedeltà alle sue tattiche predatorie. È quindi importante tenere a mente questa bandiera rossa dell'umiliazione e della vergogna, per capire se siamo vittime di un manipolatore.

6. Fanno sempre false promesse:

Il mantenimento dell'illusione è una delle principali debolezze delle vittime dei manipolatori. La strategia di mantenere le vittime in un costante stato di speranza rende questi predatori forti e sicuri di sé, poiché sanno che sono costantemente sottoposti alla loro strategia di false promesse: "Perdonami... e ti prometto che faremo quel viaggio", "ti comprerò quell'anello che ti piace tanto, se mi accontenti", "se fai questo per me, ti do la mia parola per andare in quel ristorante che ti piace tanto", "se mi aiuti con questo, posso farti ottenere una promozione o mediare per un aumento", ecc. Queste formule mantengono viva la fiamma della speranza e dell'illusione nelle vittime dei manipolatori, senza mai realizzarsi, ovviamente, perché sono solo una parte del gioco con cui portano avanti e indietro le loro vittime come se fossero marionette.

7. Inducono la loro vittima a prendere decisioni sconsiderate:

Spesso le vittime dei manipolatori finiscono per fare cose mai fatte prima, solo per compiacerli. Le strategie e le tecniche dei manipolatori sono spesso così efficaci che le loro vittime arrivano persino a vendere oggetti, a chiedere prestiti, a fare straordinari, a fare viaggi lunghi e costosi, o persino a rubare o a compiere atti criminali per soddisfare i manipolatori. Se vi siete fermati a pensare a cosa vi ha portato a fare qualcosa che normalmente non fareste, anche nella peggiore delle situazioni, allora potreste essere vittime di un manipolatore.

3.3 Come difendersi dalla manipolazione mentale

Come abbiamo già visto, la manipolazione mentale è spesso molto sottile, ma molto efficace. Una volta individuato che siamo preda dei manipolatori, è possibile opporsi agli abusi di queste personalità oscure. Diventando consapevoli del nostro ruolo di vittime e avendo chiaro che l'autore del reato, cioè il manipolatore, ha approfittato della nostra empatia e buona volontà, possiamo prendere decisioni per sfuggire alla loro complessa rete di bugie, inganni, trucchi, trappole, umiliazioni e altre strategie per controllare la nostra mente e le nostre emozioni.

1. Stabilire dei limiti:

Se prima della relazione eravate una persona che non permetteva a nessuno di decidere qualcosa per voi, è ora di riprendere questo atteggiamento. Al manipolatore non piace che gli vengano imposti dei limiti, perché è lui che stabilisce i limiti per la sua vittima. Quindi questo atteggiamento di porre dei limiti alla relazione che avete instaurato con il manipolatore non sarà una buona cosa per quest'ultimo. In caso di protesta, può minacciarvi, avvertirvi di ritorsioni e mettervi in punizione, restandovi indifferenti per giorni, settimane o addirittura mesi, ma limitare l'abuso è uno dei modi più efficaci per iniziare a rimettere in sesto la vostra vita.

2. Allontanarsi:

93

L'allontanamento è una delle principali misure di auto-protezione che potete adottare per evitare gli abusi del manipolatore. Una volta deciso di prendere le distanze, anche se il manipolatore vi chiama o vi cerca, dovete rimanere imperturbabili nella vostra decisione di riprendere il controllo della vostra vita e della vostra tranquillità. Esiste una strategia infallibile per evitare di ricadere nelle grinfie del manipolatore: dire "no". Forse non siete tra le persone che hanno il carattere di dire no, perché vi sembra di essere troppo bruschi o scortesi. Ma dovete farlo. Questo vi darà la forza e la determinazione per tagliare i ponti con il manipolatore.

3. Identificare che si è con un manipolatore:

Se siete arrivati a questo punto, cioè se avete imparato come pensano e agiscono i manipolatori, allora sarete sicuramente in grado di capire se quella persona è un manipolatore o ha tratti manipolatori. Questo è essenziale per prendere la decisione di interrompere definitivamente la relazione tossica che avete instaurato in passato con questa persona. Il manipolatore nasconde, dietro la sua maschera di superiorità e alterigia, un ego debole e una scarsissima autostima. Comprendere questo meccanismo di compensazione è importante per ritrovare la propria autostima. Ciò non significa che dobbiate compatire il manipolatore e concedervi a lui o a lei per aiutarvi: avete il diritto di decidere cosa volete fare e cosa non volete fare della vostra vita. Nessuno ha il diritto di controllare la vostra vita, qualunque sia il motivo per cui cercate di giustificare questo comportamento.

4. Riconquistare la propria autonomia:

94

La maggior parte delle persone vittime di manipolatori si è abituata a essere manipolata, umiliata, abusata, e controllata da queste personalità oscure. Questa sottomissione derivata dall'abuso è un meccanismo comune della mente sottomessa. In nessun caso dovreste dare tutto questo potere a qualcuno. Cioè: solo voi siete responsabili delle decisioni che prendete nella vostra vita, siano esse sbagliate o meno. Il manipolatore vi dirà che vi sta aiutando gestendo la vita degli altri a suo piacimento. Dovete rompere questa dipendenza dal chiedere al manipolatore il permesso di fare o non fare ciò che pensate e volete. Il manipolatore ama o si preoccupa della vittima solo nella misura in cui questa gli concede tutto il potere sulla sua volontà, sulle sue idee e sulla sua vita.

5. Annullare il manipolatore:

La cultura della cancellazione di chi ha sbagliato può essere applicata al vostro manipolatore. Ignorarli e cancellarli dalla lista delle persone desiderabili nella vostra vita e metterli nella lista dei non graditi è ciò che dovreste fare immediatamente quando avete scoperto di essere ingabbiati da una mente manipolatrice. Ignorare i tentativi grossolani di manipolazione, come l'adulazione, i complimenti, le lodi, le lusinghe e altri modi per ottenere la loro attenzione è il primo passo. Quando il manipolatore vi scrive, potete scegliere di ignorarlo, bloccarlo o lasciare il messaggio in lista d'attesa per il tempo che ritenete necessario. Il modo migliore per farlo può essere diretto o indiretto. Ciò significa che potete rispondere al messaggio direttamente, quando il manipolatore sta cercando di lusingarvi o di ottenere la vostra sottomissione, con "non voglio che tu mi scriva più, per favore"; indirettamente, invece, è molto più sottile, ma può far sì che il manipolatore continui a credere di avere potere su di voi, il che avviene se lo lasciate in attesa o rispondete con "ok" o "va bene", non siete abbastanza schietti e decisi e potete far sì che il manipolatore continui a molestarvi.

6. Metterli alla gogna pubblicamente:

Un altro meccanismo che può essere efficace per le personalità manipolatrici è quello di esporle sui social media o su Internet. Per i narcisisti e gli psicopatici con un alto senso di sé, questo rappresenta un vero e proprio inferno. Questo può convincerli a continuare a cercarvi per fare di voi la loro vittima. Dovete quindi prendere la decisione di farlo, senza pensare a cosa penserà il manipolatore se rivelerete che tipo di persona è questo predatore. Ecco alcuni passi fondamentali per iniziare a rompere il legame tossico con il manipolatore.

3.4 Segni di manipolazione verbale

Come abbiamo visto, secondo la PNL, il modo in cui comunichiamo verbalmente, influenza e modifica il cervello degli altri. Da bambini siamo governati da comandi e regole come: "non si cammina sull'erba", "qui non si fuma", "non si gettano rifiuti qui", "fai silenzio", "non girare a destra", ecc. Il linguaggio verbale determina in larga misura il modo in cui il nostro cervello dà forma al mondo. Così come, in base alla lingua madre, il nostro cervello inizia a definire una visione e una personalità culturalmente derivate, le personalità della triade nera e i manipolatori sanno come usare il potere del linguaggio verbale a loro vantaggio per prendere il controllo delle loro vittime.

Scegliere le parole giuste per ottenere gli effetti deside-rati sugli altri è uno dei principali punti di forza di questo tipo di predatore. Abbiamo già visto come in settori come la politica e lo spettacolo, la persuasione attraverso il linguag-gio verbale ottenga effetti folgoranti che riescono persino a cambiare completamente un'intera società.

I manipolatori non sono ingenui quando si tratta di usare il verbo per raggiungere i loro obiettivi. Per questo tendono a fare molta pratica e a correggere gli errori. Per il cervello, la fluidità verbale in una conversazione, un dibat-tito, una lezione o una conferenza è fondamentale per la cre-dibilità. Più parole al minuto ci sono, più le persone perce-piscono che l'oratore è qualcuno che conosce l'argomento, che è un esperto e che lo padroneggia, e quindi non si fanno scrupoli a credere a tutto ciò che dice.

La persuasione nel linguaggio è spesso sottile ma po-tente. Usare le sfumature nella conversazione attraverso le parole può essere molto meno aggressivo e diretto che cer-care di persuadere attraverso altre parole. Così, ad esempio, quando qualcuno usa le parole "mi scusi", "permesso", "gra-zie", ecc. ha molte più possibilità di farsi ascoltare e trattare gentilmente dagli altri se è meno educato, verbalmente par-lando.

I bambini sono spesso molto acuti nell'uso del verbo, soprattutto quando pongono agli adulti domande come: "Perché il cielo è blu", "Perché la luna non cade", "Perché mio nonno ha i capelli bianchi?

Per il nostro cervello, parole come "perché" hanno un potere insospettato, in quanto ci spingono a giustificarci

97

attraverso il linguaggio. È nelle prime fasi dello sviluppo neurologico di un bambino, intorno ai cinque-sei anni, che iniziano a emergere questo tipo di domande urgenti e penetranti. Gli emisferi cerebrali iniziano a creare interconnessioni neuronali, ed è per questo che i bambini vogliono sapere tutto, sezionare animali, aprire giocattoli, ispezionare buche per scovare parassiti e osservarli da vicino: è il modo in cui cercano di spiegare i fenomeni e, quindi, verbalizzano questa curiosità attraverso i "perché", cercando risposte in modo così esaustivo.

I grandi manipolatori, tra cui molti venditori e marketer di successo, sono spesso abili con il linguaggio. Quasi tutti noi siamo stati vittime di questi esperti manipolatori con il verbo.

-Signore, un momento", dice un uomo vestito elegantemente in un centro commerciale a un uomo che tiene per mano il suo bambino e si affanna con le borse della spesa, "è preoccupato per il futuro finanziario dei suoi figli?

-Sì, certo", risponde il padre di famiglia, sopraffatto, senza molto da replicare, perché evidentemente è stato colto di sorpresa.

-È chiaro che lei è un padre modello", risponde abilmente l'uomo elegante, "questo è sicuramente perfetto per il futuro della sua famiglia.

Il venditore utilizza parole chiave per attirare l'attenzione del suo potenziale cliente: "mi permetta", che fa breccia nelle difese dell'interlocutore; "futuro" e "figli", che fanno appello direttamente all'emotività e a ciò che più conta per lui e di cui si preoccupa ogni giorno per mettere il pane in tavola: la sua famiglia. La mossa finale di usare la formula "il futuro della tua famiglia", alla fine, cede alla resistenza del padre di famiglia, che è troppo sopraffatto per prestare attenzione all'ennesimo venditore.

Allo stesso modo, il manipolatore userà il verbo per dissuadere la possibile resistenza della sua vittima. È un classico complimento usato da molti amanti per far sì che la donna sensuale e bella gli presti attenzione: "Sei la donna più bella del mondo".

Sebbene sia ovvio che si tratta di una delle frasi di rimorchio più crude, non sorprende che, ancora oggi, possa far notare a una donna un uomo comune a cui altrimenti non avrebbe prestato attenzione.

La strategia di usare l'immaginazione della vittima fa sì che questa si arrenda al manipolatore. La proiezione ipotetica è una di queste tecniche. "Immagina se" è uno dei principali condizionamenti verbali utilizzati dai manipolatori, tra tutta una serie di formule per far abboccare il cervello all'amo che gli è stato preparato.

"Immagina di incontrare un uomo unico, che ti farà vivere come una principessa in una villa da sogno, dove non dovrai alzare un dito per prendere un bicchiere di limonata in un caldo giorno d'estate... beh, ecco quell'uomo", questo potrebbe essere un ipotetico dialogo di un manipolatore, che, sebbene sembri assurdo, ha un grande potere perché le parole creano ancora nella mente. Sebbene le risorse di un manipolatore siano vaste quanto la sua abilità, alcune formule si ripetono nella loro struttura a causa dell'adulazione gratuita e della tecnica narcisistica di dare attenzione, sono qualcosa del genere:

- Lei è una persona affascinante

- Rifletti l'eleganza

- Hai un ottimo stile di abbigliamento

- Vi hanno sempre detto che avete un sorriso affascinante?

- Perché mi sconcerti sempre con la tua bellezza?

3.5 Tecniche di ricompensa

La ricompensa è uno strumento molto comune per ottenere ciò che si vuole dagli altri in modo indiretto. Quasi tutti noi siamo stati vittime di queste tecniche, spesso senza rendercene conto. Si tratta di un condizionamento sociale: ottenere qualcosa in cambio di qualcosa. Infatti, un chiaro un esempio di come anche il governo ci manipoli attraverso tecniche di ricompensa è rappresentato dall'invito agli elettori a recarsi alle urne di buon'ora in una fredda domenica mattina, il giorno delle votazioni. È chiaro: nessuno vorrebbe alzarsi dal proprio letto caldo per mettersi in una lunga coda ed esprimere il proprio voto nell'urna. "Cosa ci guadagno?", potrebbero obiettare alcuni, privi di grande spirito democratico, ovviamente. Ma i governi hanno un asso nella manica. Per il voto, in alcuni Paesi, le tasse vengono scontate, le rette universitarie ridotte o addirittura mezza giornata di lavoro viene regalata. Naturalmente, se votate per il candidato che preferite, anche se è una scheda bianca, fatelo.

Si tratta di una strategia di persuasione che utilizza la tecnica della ricompensa, comune negli affari e nelle relazioni interpersonali. Durante gli anni della scuola, molti genitori hanno dovuto fare i conti con lo spirito ribelle dei loro figli che non volevano studiare.

-Stai andando malissimo con i voti", dice il padre scontento, guardando con sgomento la pagella scolastica. D'ora in poi, niente più Internet dopo le otto; inoltre, niente più console per videogiochi, che ora è chiusa a chiave finché non migliorerai i tuoi studi, capito?

Questa strategia, che utilizza la coercizione e l'imposizione, è inelegante. L'allievo non è incoraggiato a fare qualcosa per migliorare, perché viene letteralmente costretto. Realisticamente, non è una tecnica che può dare frutti.

-Le cose non vanno bene con i voti", riflette per un attimo il padre mentre osserva attentamente la pagella scolastica con la punta della matita, "Facciamo un patto: se nei prossimi anni migliorerai i tuoi voti, ti comprerò quella console che desideri tanto; se alla fine dell'anno scolastico avrai buoni voti, ti comprerò quel computer che desideri tanto. Che te ne pare di questo patto?

Questa strategia prevede una tecnica di ricompensa molto più attraente per l'allievo. Egli sarà ricompensato per il suo sforzo con qualcosa che desidera veramente. A differenza della prima, che è forzata, obbligata e costretta dalla sola grazia dell'autorità genitoriale. Per il cervello, lo schema sforzo-ricompensa è molto meglio dello sforzo-compulsione.

Allo stesso modo in cui i manipolatori fanno con le loro vittime. Offrono loro tutte le attenzioni, le risorse e la compagnia se la vittima fa ciò che il manipolatore vuole. Regali, viaggi, gioielli, vestiti, uscite, automobili, attenzioni, cene costose in ottimi ristoranti, ecc. L'unica condizione è che si lascino convincere dalle sue tecniche di ricompensa che offre.

Utilizzando il metodo di Pavlov, per cui ogni volta che si accendeva una lampadina il cane salivava perché sapeva che avrebbe ricevuto del cibo, il manipolatore propone alla vittima di fare qualcosa, per darle come ricompensa quello che la sua mente machiavellica considera il premio ideale per la sua preda. "Sii buono con me e vedrai che ti vizierò", pensano. "Altrimenti, ti punirò".

Testimonianza di tecnica di ricompensa da parte di un capo manipolatore

Jenny è una ragazza che lavorava in un supermercato aperto 24 ore al giorno. Era l'unica commessa. Ciò significava che doveva svolgere il lavoro di diversi dipendenti: pulire il negozio, organizzare la merce, rifornire i prodotti in esaurimento, ricevere i soldi, assicurarsi che non venisse rubato nulla, ecc. Il suo lavoro durava da poco più di due anni. Sebbene il suo capo, John, avesse inizialmente promesso di aumentarle lo stipendio e di darle una posizione lavorativa migliore, Jenny , nei mesi, aveva visto andar via diversi colleghi che si erano stufati del cattivo trattamento che John riservava loro.

-John mi fa fare gli straordinari", diceva Jenny con una certa rassegnazione. Ma poichè, il capo, aveva promesso di

102

dare ai suoi dipendenti un permesso di lavoro se fossero stati in negozio a fare gli straordinari, quasi nessuno di loro protestava. Alla fine, quando si accorgevano dell'inganno, abbandonavano il lavoro e non tornavano più.

Jenny, ha raccontato che, lo scorso Natale, John, visto che nessuno voleva lavorare nel supermercato, si è offerto di darle una vacanza per la fine dell'anno, se avesse lavorato il doppio, cioè se fosse arrivata presto e fosse rimasta fino a mezzanotte. La sua sostituta era una cugina di sua moglie, che era l'unica persona che riusciva a far lavorare lì, ovviamente, praticamente gratis, visto che la ragazza mangiava e beveva tutte le leccornie possibili mentre lavorava, oltre ad avere internet gratis.

Jenny continua a raccontare: "Ho lavorato duramente per tutto il mese di dicembre. Quando arrivò il momento in cui John dovette mantenere la sua promessa, cioè concedermi una settimana di vacanza per trascorrere il nuovo anno con la mia famiglia, mi disse:

-Jenny, grazie mille per il tuo lavoro", era sorridente e, stranamente, visto che aveva sempre un'espressione amara sul volto, molto gentile con me, "Mi ha consegnato un pacchetto di cose dal negozio. Anche se so che ti ho promesso le vacanze, voglio sapere se puoi aiutarmi fino al nuovo anno e ti garantisco che puoi partire per due settimane a gennaio. Che ne dici, mi aiuterai?

Sapevo che non avrebbe mantenuto la parola data, che avrei lavorato fino al nuovo anno e che avrei continuato a lavorare per tutto gennaio, febbraio e il resto dell'anno, senza ricevere alcun tipo di vacanza come ricompensa per il

103

mio sforzo. Gli dissi di pagarmi per tutti i giorni che avevo lavorato per lui fino a quel momento. Andò alla cassaforte, tirò fuori i soldi e me li porse. Fece una faccia da agnello sgozzato per chiedermi di aiutarlo. Gli strinsi la mano e lasciai il supermercato, per non tornare mai più.

CAPITOLO 4: LA PERSUA-SIONE

4.1 NLP E PERSUASIONE

Come abbiamo visto sopra, il modello di comunicazione della PNL è determinato da una serie di risposte, derivate dal comportamento di una persona. Questa risposta cognitiva fa sì che il comportamento esterno di qualcuno abbia una risposta interna concatenata; questa a sua volta si manifesterà sotto forma di comportamento esterno, innescando nuovamente una risposta interna nell'altra persona. Il ciclo è rappresentato in questo modo nel modello di comunicazione della PNL

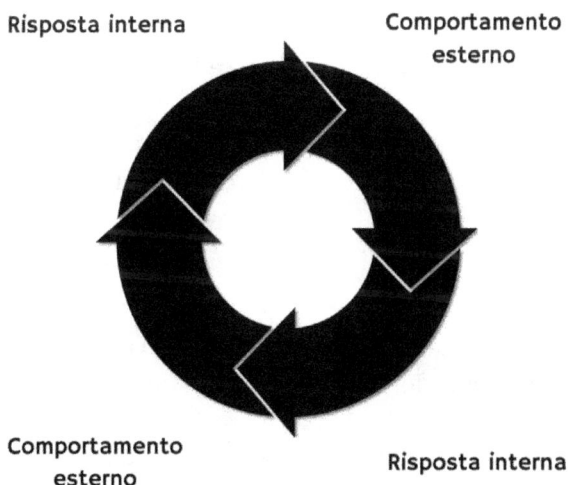

Risposta interna   **Comportamento esterno**

Comportamento esterno   **Risposta interna**

Il cerchio della comunicazione secondo la PNL

Anche se questo può sembrare troppo schematico, ha a che fare con i processi ciclici che si verificano all'interno del circolo della comunicazione della PNL, istituito da John Grinder e Richard Bandler, e può essere riassunto nella prassi da tre pilastri del processo di comunicazione:

1.   Sapere cosa si vuole

2.   Saper ricevere le risposte

3.   Siate flessibili nel comportamento per ottenere ciò che volete.

Questo fondamentale e allo stesso tempo complesso sistema di comunicazione della PNL viene applicato dai manipolatori e dalle personalità della triade nera per ottenere ciò che vogliono dalle loro vittime. Di seguito, ci addentreremo nella conoscenza e nell'applicazione di queste strategie di PNL per conoscere i desideri del manipolatore e contrastarli.

4.2 Cosa sono le credenze?

Probabilmente avete sentito parlare di sistemi di credenze, ma non sapete bene di cosa si tratta. Per cominciare, immaginiamo una tela bianca che dipingeremo con una tavolozza di colori diversi. Disegnando linee di nero, blu scuro, rosso intenso, viola, giallo e verde smeraldo, ad esempio, iniziamo a tracciare una figura o un'immagine del quadro che vogliamo.

Allo stesso modo, nella nostra vita, durante l'apprendimento a scuola, all'università, al lavoro, in famiglia, con i vicini e nella società in generale, la nostra cultura, le nostre convinzioni e le nostre abitudini ci inducono a selezionare determinate idee e a farle diventare parte del nostro quadro comportamentale.

Come un pittore non può usare tutti i colori esistenti, ma deve sceglierli in base a ciò che vuole esprimere nel suo quadro, così le persone scelgono di comportarsi in base a ciò che è stato messo nella loro mente come buono e cattivo in linea di principio. Queste convinzioni determinano il modo in cui viviamo la nostra vita e il modo in cui entriamo in relazione con le altre persone. Può rispondere alle seguenti domande nel modo più franco possibile, per favore?

- Credete in Dio?

- Ritiene che la Patria sia un'idea importante?

- Qual è, secondo lei, il valore fondamentale di una persona?

- È più importante avere molti soldi o essere in salute?

Le risposte che potrete dare saranno probabilmente particolari e determinate dalla vostra cultura, educazione, paese, credenze religiose, pensiero critico, orientamento politico e così via. Ogni persona ha una configurazione diversa di idee e convinzioni.

Una convinzione radicata nella nostra mente può rendere la nostra vita più o meno difficile o felice; alcune persone portano il loro sistema di credenze a un livello così estremo da rischiare la vita per difenderlo da quello degli altri. Pensare di avere una moralità molto pura fa sì che alcune persone considerino di scarso valore ciò che gli altri possono credere o pensare. Credere che la religione che si professa sia migliore di quella praticata da altri, o peggio, che ci siano persone che dicono di non praticare alcuna religione, è uno dei motivi di litigio e di violenza nei casi estremi di fanatismo religioso; ciò accade anche nel caso di club sportivi o ideologie politiche.

Essere stati aggrediti da bambini da un animale, come un cane, può far crescere in una persona l'idea che tutti i cani siano aggressivi. Allo stesso modo, chi ha avuto la sfortuna di passare la notte in un quartiere pericoloso, venendo rapinato e ferito, può arrivare a credere che tutte le persone che vivono in quartieri poco eleganti siano pericolose e vogliano fargli del male. Il potere delle convinzioni è molto grande e può determinare l'intera vita di una persona.

4.3 Cosa sono gli ancoraggi?

L'ancora, nel campo dei marinai e dei navigatori, è uno strumento che aiuta le imbarcazioni a rimanere in un posto, anche se la forza dei venti e delle onde cerca di trascinarle al largo. In psicologia, un'ancora è uno stimolo impresso nella nostra mente, che può servire a modificare il nostro stato mentale, sia in senso negativo che positivo. Un'ancora positiva può portare alla nostra memoria il momento esatto in cui abbiamo raggiunto la nostra più grande sfida nella vita e ne siamo usciti vittoriosi, pieni di gioia; al contrario, un'ancora negativa porta alla nostra mente il momento in cui eravamo più deboli, più vulnerabili, sofferenti e doloranti, rendendo il suo ricordo una pillola amara che vogliamo dimenticare non appena si presenta alla nostra mente.

Il fattore scatenante di questo ancoraggio può essere di natura diversa: un'immagine, un colore, un sapore, un rumore o una musica, un odore, un film, ecc. Siamo sempre legati a qualche tipo di ancoraggio. È inevitabile che il processo mnemonico del cervello non li utilizzi per evocare la memoria. Così come quando fischiamo al nostro cane per farlo uscire, lui scodinzola e salta subito in piedi perché sa che uscirà e si divertirà, così il nostro cervello è legato a un ricordo, sia positivo che negativo.

Alcune persone ricorrono a certi tipi di ancore come, in un momento di tensione o di angoscia, si decide di mangiare un cibo o di mangiarsi le unghie o di bere il tè. Queste ancore possono essere eliminate, per evitare di cadere nella trappola della circolarità che abbiamo visto nel capitolo precedente. Per uscire da questo loop che la PNL genera nella nostra mente attraverso il meccanismo azione-reazione.

Quando c'è uno stato di intensa emotività, di solito tutti reagiamo in un certo modo con eccitazione, ansia, paura, tensione, ecc. Se stimolati in modo preciso e al momento giusto, la risposta e lo stimolo possono essere collegati, creando un'ancora potente e positiva. Questi ancoraggi sono utilizzati dai manipolatori e dalle personalità della triade nera per ottenere ciò che vogliono; dobbiamo contrastare questa tecnica con una in cui abbiamo un ancoraggio molto più benefico e potente.

L'esercizio che possiamo fare per creare un'ancora positiva consiste nel ricordare un momento sia positivo che negativo. Possiamo chiedere a qualcuno di essere con noi per fare questo esercizio. Nel momento in cui lo ricordiamo, torneremo a quel momento, sentendoci come ci sentivamo in

109

quella data, ora e luogo. Con la stessa tristezza, gioia o angoscia. In quel momento dovremmo chiedere al nostro compagno, o farlo noi stessi, di applicare uno stimolo come una musica, un odore, una struttura o un'immagine che corrisponda esattamente a rivivere quello stato. In questo modo creeremo un'ancora, ma questa volta, a differenza della prima volta, in modo del tutto consapevole; è quindi possibile invertire un brutto ricordo attraverso una buona ancora e con uno stimolo abbastanza potente da inciderlo nella nostra mente. Questo è ciò che le personalità manipolatrici e della triade nera fanno costantemente con le loro vittime, senza che queste se ne rendano conto.

4.4 Usare i modelli per ridefinire i punti di attenzione

Esistono diverse tecniche di PNL per ridefinire, mediante schemi, i punti di attenzione che abbiamo. Per essere sintetici, analizzeremo i tre schemi principali:

1. Intento positivo:

Come si può intuire dal titolo, questo schema ha a che fare con la conoscenza dell'intenzione positiva di qualcuno nei nostri confronti. Tendiamo a essere molto suscettibili alle critiche, da qualsiasi parte provengano. In alcuni casi, molte persone che stimiamo molto, come un insegnante, un amico o nostra madre, possono criticare ogni cosa che diciamo, che proponiamo o su cui semplicemente diamo la nostra opinione. Pensare a cosa c'è di sbagliato in quello che diciamo è la chiave; sarà di grande aiuto per cercare di persuadere le persone con un quadro di realtà critica molto forte, che sono sempre predisposte a criticare e a dire che quello che pensiamo o diciamo non ha valore: "È un'idea molto stupida". "Ti sbagli, le cose non stanno così". "Non sono d'accordo con te su questo", sono alcune delle principali espressioni di queste persone. A volte questa critica all'idea, al pensiero o alla convinzione è accompagnata da un "ad hominem", che rende la situazione ancora più complessa.

Il segreto è trasformare l'affermazione in un'affermazione negativa. Se qualcuno obietta alla nostra proposta: "Quell'idea è stupida e poco pratica", potremmo proporre di dire: "Come fai a rendere quest'idea pratica e intelligente? In questo modo si disarma la negatività del critico, portandolo a ripensare la critica da una prospettiva costruttiva anziché semplicemente distruttiva.

2. Analogia metaforica:

Affrontando la questione da una nuova prospettiva, facciamo in modo che la critica gratuita assuma un'altra visione positiva, passando da: "Questo non va bene o quell'idea è da scartare completamente" a "Come può essere ottimizzata o migliorata? Una metafora in letteratura è un paragone tra due cose che possono avere natura diversa, equiparandole per compiacere il lettore o suggerire un'idea simile. Dire, ad esempio, "Rendiamo questa idea fresca come una pioggia d'estate" o "dolce come un dessert che addolcisce un pasto pesante" può portare il critico a pensare in modo molto più plastico, vedendo le cose da una prospettiva diversa.

3. Modifica degli obiettivi:

Supponiamo di dover convincere un team che la nostra idea è la migliore, ma qualcuno si oppone. Invece di pensare alla critica in sé, possiamo guardare le cose da un altro punto di vista: ad esempio, l'idea di mettere un distributore di caffè in piena estate non è molto buona, invece di mettere un distributore di bibite o gelati. Invece di concentrarsi sull'insuccesso della prima idea, si potrebbe ribaltare l'idea proponendo, ad esempio, di vendere un gelato al caffè, che è stimolante come quello caldo in tazza, ma allo stesso tempo rinfrescante.

Questo tipo di plasticità viene costantemente applicata dai manipolatori alle loro vittime per persuaderle e controllarle.

4.5 I principi di Cialdini

Robert Cialdini ha proposto una serie di principi per persuadere e influenzare gli altri. Vediamo di seguito di cosa si tratta e come applicarli per difendersi dagli attacchi di manipolatori, machiavellici, psicopatici e personalità della triade nera.

Principio di reciprocità:

Gli esseri umani sono sempre aperti ai regali. Ogni volta che sentiamo la parola "ti farò un regalo", la nostra mente si attiva immediatamente, ma allo stesso tempo sente che siamo in debito. A volte, nelle strade delle grandi città, molti venditori suadenti regalano qualcosa ai passanti, dicendo loro che non ha alcun valore, ma prima di andarsene di solito dicono: "in cambio, date quello che volete per sostenermi". Anche i musicisti di strada che animano la vie cittadine di solito non si fanno pagare per il loro lavoro per creare l'atmosfera o calmare i nervi tesi, ma lasciano in vista la custodia del loro strumento o un cappello, dove la gente spesso regala non solo monete, ma anche banconote. Quando si fa un favore in modo disinteressato e ci si sente dire "grazie", una grande percentuale di persone è solita rispondere "prego". Per riprogrammare verbalmente il nostro cervello, è meglio rispondere: "chi dà riceve", ad esempio. In questo modo si crea una sorta di valore intrinseco nell'atto di reciprocità.

2. Impegno e coerenza:

Questo principio riguarda la coerenza e l'impegno tra ciò che diciamo e ciò che pensiamo. Se qualcuno ha fatto una dichiarazione precedente in relazione a un'idea o a una proposta che gli viene fatta, è probabile che la accetti. Tutti noi vogliamo coerenza tra le nostre idee e le nostre azioni: prenderemmo la stessa decisione una seconda volta? Se rispondiamo di no, non ci sarà motivo di dire di sì, perché non saremo coerenti, né tanto meno coerenti nel nostro pensiero o nelle nostre azioni.

3. Principio del contrasto:

Come esseri umani, percepiamo gli oggetti e le cose vicine o in coppia, piuttosto che vederli separatamente. Ad esempio, quando andiamo al supermercato, confrontiamo sempre le marche di bibite, sia per quantità che per qualità e prezzo. È per questo motivo che guardiamo sempre al rapporto costi-benefici, praticamente in tutti gli ambiti.

4. Prova sociale:

Gli esseri umani tendono a considerare il comportamento degli altri come corretto. In altre parole, cerchiamo sempre di copiare i comportamenti, sia buoni che cattivi. La persuasione collettiva consiste nel far sì che le persone facciano ciò che vedono fare agli altri. Se qualcuno in una coda cerca di evitarla rompendola per entrare in un concerto, ad esempio, è quasi certo che gli altri lo imiteranno.

5. Apprezzamento e somiglianza:

In generale, la reputazione e l'aspetto di una persona la rendono più stimata. Quando una persona è vista come attraente o elegante, è più probabile che le persone la accettino e siano più amichevoli nei suoi confronti. Una persona che ha carisma è quasi sempre bella o appariscente. Una modella o una bella ragazza attira l'attenzione della maggior parte delle persone se si tratta di vendere un prodotto. Anche la somiglianza conta: i punti in comune, come la simpatia per un certo cibo, una regione, una squadra sportiva, un autore, una religione, una lingua, ecc. rendono le persone molto più empatiche nell'accettarci rispetto a coloro con cui non abbiamo alcuna somiglianza o apprezzamento.

6. Autore:

Tendiamo a dare credito allo status, sia esso sociale o intellettuale. Quando incontriamo una persona, se non sappiamo di cosa si occupa, tendiamo ad avere una convinzione o un pregiudizio in base al nostro sistema di credenze. Se quella persona ci parla di questioni mediche o di salute, non la prendiamo sul serio, ma, se ci dice di essere un medico, siamo già predisposti a darle piena credibilità solo perché ha quello status. Lo stesso accade quando vediamo un'auto di lusso rispetto a una molto più comune: associamo il conducente a una persona potente, di successo e importante.

È necessario tenere a mente questi sei principi di Cialdini per evitare di cadere nelle trappole di manipolatori, machiavellici, narcisisti e psicopatici. Queste personalità sono costantemente in agguato, in attesa di trovare il punto debole della nostra personalità per attaccarci e prenderci per il collo.

Alcuni considerano tutti gli stranieri come persone gentili che cercano di fare del bene senza badare a chi, ma la vita ci mostra ogni giorno che, purtroppo, è il male ad abbondare.

Ci sono sempre persone che vogliono fare il male, anche se il resto dell'umanità si sforza di fare il bene. Applicando questi principi nel modo più intelligente possibile, possiamo evitare le trappole psicologiche che ci vengono tese in ogni momento da manipolatori, narcisisti, psicopatici, machiavellici e altri individui della triade nera della personalità.

5 - Come comunicare in modo assertivo

Trasmettere le idee con assertività (espressione che, secondo il RAE, significa: esprimere idee con chiarezza e fermezza) non è sempre efficace. Per questo motivo, l'assertività è una delle grandi abilità dell'intelligenza emotiva. In sintesi, i pilastri fondamentali della comunicazione assertiva sono tre:

1. Chiarezza e concretezza: essere specifici in ciò che si presenta nella comunicazione, senza ambiguità o giri di parole. Non devono esserci dubbi sulle nostre idee nella mente dei nostri interlocutori.

2. Brevità: cercate di essere il più sintetici possibile, cioè di sintetizzare l'idea per comunicarla con il minor numero di parole possibili.

3. Scusarsi: in caso di disaccordo con le idee dell'interlocutore, saper assumere gli errori argomentativi e scusarsi per essi.

Comunicare in modo assertivo non significa essere aggressivi o irrispettosi nei confronti di nessuno; al contrario: significa essere concreti, concisi e diretti con ciò che si intende comunicare, senza alcun dubbio, evitando le ambiguità e l'evasione della negazione o, in altre parole, saper dire "no" senza indugiare. In questo modo si evitano i malintesi e la confusione e, in ultima analisi, i conseguenti conflitti che possono nascere dopo una semplice discussione di idee opposte.

I vantaggi di imparare a comunicare in modo assertivo includono, tra l'altro:

- Il rafforzamento dell'autostima

- Ci permette di conoscere i sentimenti che ci opprimono in quel momento.

- La capacità di argomentare con rispetto verso i nostri interlocutori ci permette di rafforzare maggiormente anche il rispetto di noi stessi.

116

- La comunicazione diventa più fluida.

- Facciamo scelte più intelligenti

- I rapporti basati sulla sincerità e sull'onestà si rafforzano.

Esercitando la comunicazione assertiva, si rafforzano gli aspetti positivi del rinforzo emotivo, come la fiducia, la concisione e l'autocontrollo. La persona acquista convinzione e sicurezza nel proprio discorso, diventando così un oratore più efficace e diretto che proietta onestà e credibilità agli altri.

Per diventare un comunicatore assertivo, è importante essere consapevoli del modo in cui comunichiamo le nostre idee: ci sentiamo frustrati, ci arrabbiamo quando veniamo messi in discussione, abbiamo voglia di piangere o di urlare? Per evitare questo tipo di reattività, è necessario pensare bene a ciò che si vuole dire, con calma e tranquillità, senza farlo sembrare un'accusa gratuita o un'argomentazione ad personam. Imparare a dire di no è qualcosa che rafforza l'autostima e un vero senso di onestà. Ascoltate ciò che diciamo, registrandolo e prendendo nota degli eventuali errori commessi nell'esprimerci. Concentrarsi su ciò che diciamo, senza lasciarsi trasportare da emozioni come euforia, ansia, rabbia o pianto. In caso di necessità, prendere una boccata d'aria, iperventilando il nostro corpo, si mantiene il flusso di ossigenazione cerebrale.

6 - Modelli linguistici

Ogni volta che parliamo, manifestiamo una serie di schemi linguistici di cui il più delle volte non siamo consapevoli. Conosciamo il potere che le parole hanno di persuadere, comandare, influenzare, costringere la volontà degli altri. Il nostro cervello fa sempre una scelta di parole che determina tutte le nostre azioni e reazioni. "Vietato". "Non è permesso". "State lontani". "Pericolo", ecc. ci fanno avere immediatamente la sensazione di non dover nemmeno pensare di trasgredire l'avvertimento. Così come il nostro cervello è predisposto a non fare qualcosa perché siamo esposti a dei rischi, ci sono anche altre parole che ci spingono a fare qualcosa: "Welcome", "Thank you", "Free", "Tax free", o anche la semplice strategia adottata dalla Coca-Cola da molti anni: "Enjoy life" o "Keep Walking", dal famoso whisky Johnny Walker.

I manipolatori e gli psicopatici sono abili nel controllare le emozioni degli altri attraverso il linguaggio. Durante i processi a Ted Bundy, ad esempio, il simpatico e affascinante serial killer, ha sempre mantenuto la posizione di innocenza, apparendo sopraffatto, emotivo e angosciato a chi lo guardava e lo ascoltava ripetere: "Sono innocente, non l'ho mai fatto, vostro onore". Il modo in cui scegliamo le parole giuste al momento giusto per ottenere l'effetto giusto:

"Sono innocente", sembra gridare al giudice e alla giuria, per evitare che venga commessa un'ingiustizia, anche se in fondo alla sua mente Bundy sapeva di aver commesso pienamente, a sangue freddo e senza pietà, gli efferati crimini di cui era accusato. "Non sono mai stato io", rafforza il senso di innocenza che avvolgeva le sofisticate argomentazioni verbali di Bundy, che si è sempre dimostrato un uomo abile nella comunicazione assertiva, sia come avvocato che come psicologo.

Come abbiamo visto nei capitoli precedenti, politici, leader religiosi, influencer, giornalisti e personaggi dello spettacolo sono spesso esperti nell'uso di modelli linguistici:

"La mano di Dio" fu l'espressione usata dai media per riferirsi al gol di Maradona contro l'Inghilterra ai Mondiali di Messico 1986. Questa espressione sarebbe diventata la quintessenza del giocatore argentino fino alla sua morte.

"Tornerò e sarò milioni", diceva Evita Perón nei suoi discorsi al popolo argentino quando era indebolita dalla malattia, sempre insieme al marito, il caudillo Juan Domingo Perón. Questa strategia verbale riuscì a posizionare politicamente il presidente in modo che il popolo la sostenesse senza riserve per rimanere al timone del potere.

"Patria o morte" era lo slogan dei rivoluzionari cubani come Fidel Castro e Che Guevara per giustificare la radicalità della loro lotta armata.

Le parole hanno un potere tale da plasmare le menti degli altri. L'uso di formule poetiche come la metafora, l'iperbole e la sinestesia fa sì che il discorso verbale possa essere assimilato in modo sottile, anche se radicale e violento.

7- Eliminare i pensieri

Tra le tecniche della PNL, c'è quella della ridefinizione dei pensieri, che consiste più o meno nell'eliminarli definitivamente dalla nostra mente. Detto in modo semplice da capire, sarebbe qualcosa di simile a disfare un'ancora negativa. Nello stesso modo in cui la nostra mente ha creato un'idea negativa, che ci porta a pensare in termini meno che positivi a un evento, una persona, un luogo o un'idea, possiamo rimuovere quel pensiero dal nostro cervello.

Nel buddismo zen esiste una tecnica di meditazione che mira a fare della mente *tabula rasa*, cioè totalmente vuota. "Se pensi al dolore, il dolore sarà lì, e lì rimarrà", dicono spesso molti monaci buddisti. Lo stato mentale è essenziale per poter proiettare stati psicosomatici, cioè la mente può generare dolore, sintomi o addirittura malattie.

Immaginare, ad esempio: se una persona ha avuto un trauma con i cani durante l'infanzia, ogni qual volta vede un cane, ricorda quel cane che gli correva contro con rabbia, mostrava i denti e si avventava su di lui bambino. Il cane, per lui, diventa una trappola, un labirinto doloroso e traumatico.

"C'è un portale che si attraversa. Da esso esce un cane che corre verso di voi; vi mostra i denti, furioso, minaccia di mordervi e infine vi attacca".

Questa successione di eventi e immagini scatena la risposta emotiva della paura, del panico e dell'angoscia ogni volta che si vede un cane: portale-corsa-denti-furia-minaccia-morso. È una formula che genera traumi.

La tecnica della PNL per eliminare questi pensieri negativi è l'opposto.

"C'è un cancello che si attraversa. C'è un cane molto amichevole. Scodinzola e si avvicina per farsi accarezzare. Non c'è nulla che vi minacci, non c'è alcun pericolo".

Proiettare nella mente questa sequenza totalmente opposta alla precedente: cancello-cross-cane-amichevole-battaglia-cane-lotta-coda-carezza. Sono una formula che fa emergere l'immagine dell'attacco e dell'aggressione che ha finito per causare il trauma.

La mente genera tutto ciò che conosciamo, idee, pensieri, desideri, frustrazioni, paure, speranze. Tutto ciò che possiamo immaginare, chi siamo e come vediamo e comprendiamo il mondo, è legato al linguaggio, ai verbi, agli aggettivi, ai nomi, alle metafore, che costituiscono la visione del mondo che abbiamo, che comunichiamo agli altri.

CAPITOLO 5: COS'È IL TCC?

5.1 Concetti e principi per capire tutto sulla CBT

Il progresso delle tecniche e delle terapie in psicologia ha reso sempre più possibile superare con migliori risultati i traumi e le ferite emotive, nonché il resto di quelle derivate da relazioni con manipolatori, narcisisti, psicopatici e personalità della triade nera. La terapia cognitivo-comportamentale (CBT) ha aiutato migliaia di pazienti con disturbi d'ansia e depressione a superare le crisi più difficili che hanno dovuto affrontare dopo un trauma psicologico.

Come suggerisce il nome, la CBT è una terapia radicale che, in casi estremi, modifica i modelli di pensiero e di comportamento. Il suo intento è quello di aiutare, per quanto possibile, i pazienti che, attraverso questo modello terapeutico, riescono a modificare gli schemi comportamentali, nonché quelli di pensiero e verbali, responsabili di generare conflitti.

Sebbene la teoria della psicoanalisi di Freud sia stata inizialmente rivoluzionaria per la comprensione di disturbi, traumi e complessi, il progresso dello studio della psicologia umana ha portato a un'evoluzione della terapia comportamentale, con figure come lo psichiatra Josep Wolpe e lo psicologo Arnold Lazarus, che possono essere considerati i pionieri della CBT.

Nell'ambito del modello CBT di trattamento dei vari disturbi mentali, il paziente viene aiutato a modificare gradualmente le proprie convinzioni di base che integrano, a loro volta, comportamenti, sentimenti e pensieri che strutturano il suo Io in se stesso, così come il rapporto con gli altri e la sua proiezione futura (vedi schema), cercandone altre più adattive.

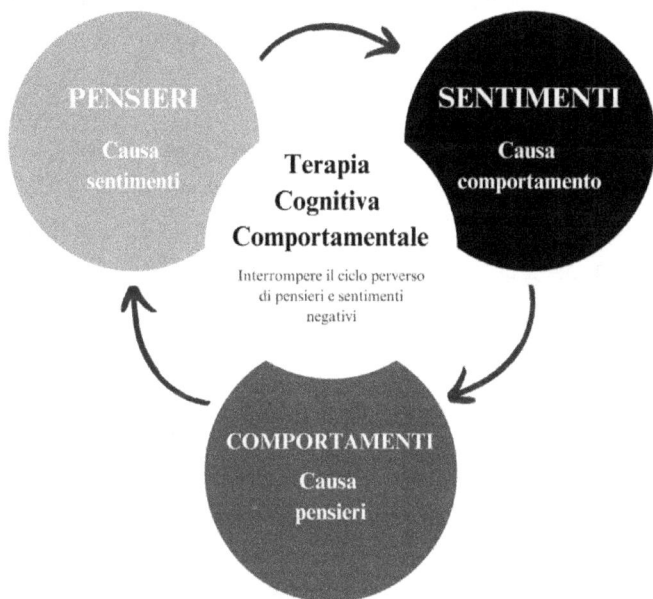

Schema della terapia cognitivo-comportamentale

Per iniziare la CBT, il paziente e l'ambiente circostante devono essere sottoposti a un'accurata valutazione psicosociale del paziente e delle persone che lo circondano, in quanto saranno fondamentali per il processo di riadattamento. Il modello di psicoterapia CBT prevede un periodo di trattamento che va dalle 10 alle 20 sedute, con la maggior parte dei pazienti che sperimenta un miglioramento radicale nella quinta o sesta settimana.

Altri concetti della psicoterapia moderna sono stati integrati nella CBT, come la mindfulness, che a sua volta si basa su filosofie antiche come lo stoicismo, dove l'enfasi è posta sull'accantonamento dei pensieri sul passato e sul futuro per concentrarsi pienamente e obiettivamente sul presente e su tutte le sue possibilità.

Nella CBT, il paziente viene continuamente esposto dal terapeuta a pensieri e sentimenti per ottenere nuovi rinforzi e riadattare così le cognizioni all'ambiente. Si tratta di una terapia progressiva, che richiede un grande impegno da parte del paziente e del suo ambiente per modificare le sue convinzioni di base.

Alcuni dei principali obiettivi della CBT sono legati a:

1. Ridurre il pensiero disfunzionale:

Secondo il modello cognitivo predominante della depressione di Beck: A) triade cognitiva: eliminare le idee negative sul futuro, sulla persona in particolare e sul mondo in generale. B) schematizzazione negativa: modifica di schemi di pensiero negativi stabili e duraturi su ciò che è stato vissuto in passato e su ciò che sarà vissuto in futuro. C) distorsioni cognitive: idee arbitrarie e selettive di ingrandimento o minimizzazione, dicotomia nel pensiero. Ciò significa che è necessario cambiare il pensiero negativo rigido, essere logici e coerenti per liberarsi dalle idee negative e oscure.

2. Stimolare l'autocontrollo: secondo il modello di comprensione dei processi depressivi, l'autocontrollo dipende da tre fattori a) l'autovalutazione b)

l'auto-rinforzo e c) l'auto-monitoraggio. La CBT cerca di eliminare i processi di feedback negativi e di rafforzare quelli positivi.

3. Rafforzare le capacità di risoluzione dei conflitti: si concentra sulla capacità degli individui di risolvere gli eventi che generano elevate quantità di stress e vulnerabilità per la prospettiva negativa dell'individuo. Ciò li induce a evitarli e, nel caso in cui debbano affrontarli, produrranno un elevato carico di frustrazione, rabbia ed emozioni negative.

4. Rafforzare il pensiero positivo: l'obiettivo è quello di potenziare il pensiero positivo attraverso piacevoli interazioni sociali con il proprio ambiente. Inizialmente, il disturbo del paziente può indurlo ad attirare le cerchie sociali, ma con il tempo se ne allontanerà, rafforzando le idee sul proprio concetto di negatività.

5.2 La terapia cognitivo-comportamentale, uno strumento molto forte contro la psicologia del buio:

La CBT pone l'accento sull'affrontare le paure così come ci si presentano. Ciò è di grande importanza quando si supera una relazione traumatica con le personalità della triade nera, manipolatori, narcisisti e machiavellici. Poiché, dopo una relazione con una personalità della psicologia nera, la mente della vittima è diventata vulnerabile e fragile a qualsiasi ulteriore assedio, la CBT aiuta a superare il trauma relazionale che deriva da tali relazioni tossiche.

125

La vita emotiva deriva dai processi cognitivi. Quindi le emozioni non derivano dagli eventi quotidiani, ma nascono dagli eventi che ci accadono. Pertanto, le emozioni tossiche possono essere eliminate solo attraverso il percorso diretto della CBT, che modifica i modelli di pensiero e di comportamento.

Il nostro cervello interpreta le situazioni in modo diverso, ma ognuno reagisce con personali procedimenti. Supponiamo che una persona riceva la notizia devastante che il suo partner ha deciso di porre fine al suo matrimonio di anni, con due figli al seguito. Abbiamo due soggetti di esempio: Mary e Peter.

-Per Maria è la fine della sua vita. "È tutto finito", pensa. Anche a lei vengono in mente idee devastanti, come quella di porre fine alla propria vita. È caduta in una profonda depressione: beve, non si veste e non ha voglia di fare nulla.

-Per Pietro, che era già abbastanza oberato dalla vita che stava conducendo, piena di debiti, problemi, pressioni lavorative, oltre al suo cattivo rapporto coniugale, vede in questo un'opportunità per liberarsi. Pensa di fare il viaggio della sua vita che ha rimandato durante gli anni del matrimonio.

Maria ha pensieri negativi legati al divorzio, mentre Pietro vede le possibilità nel mezzo di una situazione che per la maggior parte delle persone può essere catastrofica.

Per la CBT è importante che il paziente riesca a superare il suo stadio di paura e di visioni oscure sulla vita e sul futuro, non solo cercando di fare attenzione che i pensieri siano sempre positivi e ingenui: se così fosse, la CBT non sarebbe necessaria per superare i problemi di ansia, depressione e stress post-traumatico, come nel caso di traumi derivanti da una relazione con uno psicopatico o con membri della personalità della triade nera.

Per capire meglio di cosa si occupa la CBT in senso pratico, vediamo le sue strategie principali.

Disintegrarsi:

Nella CBT è più semplice comprendere un accumulo di emozioni schiaccianti, come l'ansia, l'angoscia o la depressione, se vengono disintegrate come si fa con un grande puzzle. In questo modo si può capire meglio come ognuno di questi sentimenti ed emozioni abbia finito per accumularsi a valanga.

Strutturazione del trattamento:

È importante assumersi la responsabilità di ciò che dobbiamo fare per migliorare o uscire dallo stato di prostrazione in cui ci ha lasciato il manipolatore, il narcisista o lo psicopatico. La quantità e la qualità delle dosi di trattamento che riceviamo renderanno più efficace il recupero. In questo modo, se un pensiero o un sentimento è più potente, analizzandolo in dettaglio, possiamo avere una prospettiva diversa su di esso e incanalarlo nella direzione più appropriata.

Ripetizione:

La CBT non si limita al divano o all'ufficio del terapeuta: richiede un lavoro continuo da parte del paziente per rafforzare i metodi, reindirizzare i sentimenti e farli ancorare nella mente e riprogrammare i trigger automatici a una determinata situazione. Va chiarito che non esiste una terapia miracolosa che non richieda al paziente di fare la sua parte per guarire.

Per iniziare a riprogrammare gli ancoraggi negativi, la CBT propone esercizi che modificano la prospettiva negativa in una più speranzosa:

Esempio di rottura degli schemi mentali:

"Luis è un uomo che deve assumersi i compiti di padre di famiglia e di lavoratore autonomo. Le cose con la moglie e i figli non vanno bene. Questi ultimi gli rimproverano la sua assenza, il fatto che non si preoccupi più di uscire nei fine settimana per giocare con loro; anche la moglie gli dice che l'ha trascurata. D'altra parte, il suo lavoro richiede molto tempo e concentrazione, ma ha sempre più clienti, il che lo opprime.

"Luis incontra il suo migliore amico e gli racconta, davanti a qualche birra, la sua situazione. È sopraffatto. L'amico gli dice che deve ripensarci, ma che sta facendo la cosa giusta. Per far sì che la sua famiglia sia benestante, Luis sta sacrificando molte cose, compreso il tempo trascorso lontano dalla sua famiglia e da sua moglie. Gli dice quindi di parlare con loro, di organizzare meglio il suo tempo e di distribuire il lavoro con i suoi clienti. In questo modo, dividendo o decostruendo il peso di tutto il lavoro che ha, così come il suo ruolo di padre e marito, Luis sarà in grado di lavorare meglio, senza doversi caricare troppo di pensieri di rimprovero.

"Con uno stato mentale più forte, Luis può ora occuparsi del suo lavoro e della sua famiglia. Ha diviso il suo tempo in parti, in modo da potersi dedicare a se stesso e non essere totalmente immerso nei due poli della sua vita: il lavoro o la famiglia. È una questione di equilibrio e disciplina.

5.3 Sbloccare la mente e l'inconscio con la CBT

La mente umana produce costantemente pensieri, idee, concetti, sentimenti. Si tratta di mere astrazioni, ma hanno un peso considerevole sulla vita delle persone. Non per niente in tutto il mondo esistono cliniche terapeutiche, psichiatri, psicologi e manicomi per i malati di mente e nel corso della storia dell'umanità è stato necessario affrontare le afflizioni mentali. Nella maggior parte dei Paesi industrializzati e in via di sviluppo, un'alta percentuale di persone soffre di disturbi d'ansia, depressione, ossessione, gelosia, rabbia, ecc.

La CBT aiuta a gestire meglio gli schemi di pensiero e di comportamento. Venire a conoscenza di una situazione negativa, come la perdita del lavoro, la fine di una relazione o il rifiuto di una proposta finanziaria, può impedire a una persona di rialzarsi dal colpo ricevuto, rafforzando addirittura in modo permanente gli schemi mentali negativi che già aveva.

La CBT identifica questi schemi come Pensieri Negativi Automatici. Essi nascono automaticamente dalla nostra mente, mettendoci in difficoltà; la terapia ci insegna ad avere il controllo di questi pensieri in modo che non ci danneggino e a usarli a nostro vantaggio, come se fosse una tecnica di arti marziali, in cui si usa la forza dell'avversario per sconfiggerlo.

Identificare il pensiero che causa problemi:

Se i pensieri fossero come le persone, ogni volta che vediamo arrivare l'angoscia o la depressione, cambieremmo semplicemente posto sull'autobus o attraverseremmo il marciapiede per non trovarci faccia a faccia con loro.

Imparare a percepire le emozioni negative:

Sappiamo che le emozioni negative si manifestano quando succede qualcosa di brutto o subito dopo che è successo. Ci rendiamo subito conto che non possiamo scrollarci di dosso il disagio o la preoccupazione e che ci accompagnerà per tutto il giorno o per il resto della settimana. È come una specie di insetto che si attacca alle fibre dei nostri vestiti, che non riusciamo a scrollarci di dosso e che ci terrorizza. Ancorarsi alle emozioni negative e rafforzarle non aiuta. "Andrà male, non riesco a pensare a nulla da dire durante la presentazione", pensiamo, invece di stimolare un'emozione positiva e sbloccare la mente attraverso uno stimolo come la lettura di qualcosa, l'ascolto di musica o l'esercizio fisico per liberare la mente.

Non lasciatevi trasportare da idee negative:

"Sono sicuro che mi diranno di no", pensa chi sta per portare una proposta a un'azienda per lavorare a un progetto pubblicitario per un nuovo prodotto. Indovinare l'emozione negativa in arrivo significa rafforzarla. Lasciate che la pazienza e la disciplina facciano il loro lavoro, ma non pensate in termini metafisici, non punitevi e non lasciatevi sopraffare da cose che non sono accadute. Un simile rinforzo negativo fa cadere le persone in un profondo baratro di disperazione e oscurità.

5.4 Come i terapeuti implementano la CBT con i pazienti

Gran parte della pratica della CBT consiste nell'identificare e agire per modificare le emozioni che scatenano ansia e comportamenti negativi. È quindi consigliabile tenere un diario in cui annotare i pensieri per neutralizzarli.

Quando la revisione delle prestazioni, come la CBT chiama l'analisi delle sensazioni, viene effettuata in terapia, il paziente può trovarsi di fronte al seguente ciclo:

EVENTO $\longrightarrow$ **PENSARE** $\longrightarrow$ **ECCITAZIONE**

RECENSIONE CRITICA | **"HO FATTO UNA COSA STUPIDA"** | **RABBIA**

La revisione critica, cioè l'analisi dell'evento, non dovrebbe inizialmente scatenare una risposta emotiva negativa con un sentimento come la rabbia.

Vedendo in questo esempio come l'evento della recensione critica scateni l'emozione della rabbia, c'è un pensiero che si interpone tra i due, evento ed emozione: "Ho fatto una cosa stupida". Questo è il dispositivo che innesca l'emozione negativa.

131

Per facilitare questo compito, con questo modello è possibile registrare i pensieri ogni volta che ci si trova di fronte a uno negativo. Dovreste praticarlo regolarmente per iniziare a gestire le vostre emozioni. In questo modo, potrete monitorare i vostri pensieri per evitare di creare abitudini di negatività.

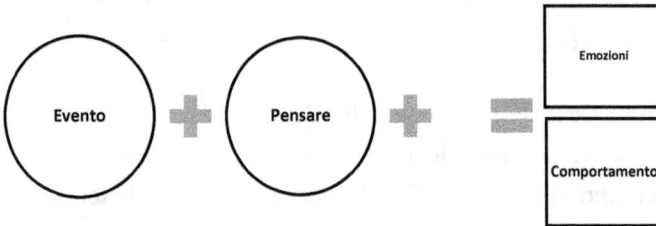

Il processo di identificazione dei pensieri che ci assalgono durante il processo è qualcosa che deve essere fatto ripetutamente fino a quando non lo si padroneggia per farlo automaticamente. I pensieri a volte sono abbastanza potenti e ognuna di queste componenti, durante il processo, può avere un'influenza sulle altre: quindi, tutti i pensieri e i comportamenti influenzeranno il resto del processo, in quanto sono un tutt'uno.

Un pensiero negativo è simile a ciò che accade quando gettiamo un grosso sasso in un lago calmo: l'increspatura raggiungerà tutte le sponde del lago, disturbandone la tranquillità. Così, ipotizzando che ogni pensiero negativo sia un'onda, essa può infrangersi e sommarsi a un'altra, amplificandosi, facendo riverberare i suoi effetti nella nostra mente e scatenando un vero e proprio tsunami di negatività.

Trovare prove per i pensieri

La CBT è essenzialmente pratica, il che significa che, perfezionando il processo, sarà molto più facile tenere d'occhio i propri pensieri per evitare che un'emozione negativa faccia la sua comparsa. Utilizzate questo modulo per completarlo secondo quanto indicato.

Prove a favore del mio pensiero Prove contro il mio pensiero

Es: Mi sento frustrato	Sono molto arrabbiato con me stesso

Avete fallito nel pensare a questa emozione?

Ex: Mi sono lasciato trasportare

In che modo tale sentimento può essere più oggettivo e utile da vedere?

Es: essere più coerenti e razionali nell'associare sensazioni e pensieri.

5.5 Individuare i pensieri tossici

La nostra mente è costantemente bombardata da diversi tipi di pensieri. Non è facile filtrarli dalla mente e scegliere solo quelli buoni. È un problema che dobbiamo imparare a gestire. Una delle tecniche psicologiche più efficaci consiste nel cercare di scegliere quali pensieri vogliamo avere e quali vogliamo scartare. Così, in terapia, dopo una relazione con personalità della triade nera, i terapeuti consigliano, più che di non avere pensieri tossici o negativi che fanno rivivere i momenti che si vogliono dimenticare con quella persona, di saperli identificare e di agire in modo assertivo di fronte ad essi.

Ci sono momenti in cui i pensieri non sono particolarmente positivi. Anche le persone più ottimiste hanno

134

momenti di debolezza, sconforto e sopraffazione. L'ansia e la paura, così come altre emozioni, non sono negative di per sé, ci sono e si manifestano nel momento in cui abbiamo degli ostacoli nella vita; ciò che è veramente negativo è rimanere in quell'istante in cui sono comparse e non volerle superare.

Alcune persone diventano dipendenti dalle emozioni negative. Le preferiscono addirittura a quelle positive. Questo è ciò che è veramente tossico; qualcosa che porta molte persone a porre fine alla propria vita. La CBT ci insegna a essere assertivi e a diventare collaboratori del terapeuta: non solo a caricare sulle sue spalle la responsabilità della nostra riabilitazione psicologica.

È importante, soprattutto, nel momento in cui si riconosce quel pensiero negativo o tossico, prenderne atto. Sapere in quale momento la nostra mente sta andando verso quello stato è importante per sapere cosa fare. Cambiare la direzione dei nostri pensieri che vanno verso la tossicità è fondamentale.

Quando viene presa nel vortice dei pensieri tossici, la mente può essere troppo debole per eluderli. Così, la vittima non riesce a scrollarseli di dosso, cadendo costantemente in stati di depressione, ansia, rabbia o frustrazione, come un topo in una trappola circolare. Ogni pensiero è solitamente legato a un sentimento o a una sensazione. Per uscire dalla trappola, bisogna cambiare lo stato generato da quella sensazione; solo così ci si può liberare dei pensieri tossici.

Il contributo della vittima della personalità della triade nera è essenziale per superare il trauma associato ai sentimenti e ai pensieri tossici lasciati dal manipolatore mentale. Anche l'uso di sostanze psicoattive o di altre droghe ritenute meno coinvolgenti e dannose, come l'alcol o la marijuana, non è consigliabile. Alcune vittime ricorrono all'alcol per sfuggire alla realtà e alleviare il trauma lasciato dal fallimento della relazione con il manipolatore, il narcisista o lo psicopatico, ma ignorano che può essere un'arma a doppio taglio: questa sostanza è un potente depressore del sistema nervoso; quindi, non è consigliabile rifugiarsi in essa.

È molto semplice per la mente umana creare costantemente pregiudizi, si tratta di schemi verbali o gestuali. Sono così impercettibili che spesso passano inosservati, finché non si accumulano in modo tale da esplodere all'improvviso. È quindi facile essere infastiditi da qualsiasi tipo di comportamento che il nostro cervello riconosce come negativo, creando immediatamente uno schema.

Oneri negativi sul lavoro

Jean lavora in un'azienda di servizi alla clientela. Nel suo ruolo di professionista dell'assistenza, riceve circa quattrocento telefonate al giorno. La situazione diventa opprimente: pensieri negativi e conflitti sono all'ordine del giorno. Questo è uno dei motivi per cui i suoi colleghi hanno avuto problemi con i loro superiori e con i clienti. Jean è un dipendente che si distingue per la sua capacità di ascolto e per la sua assertività nel gestire i reclami dei clienti.

Un cliente ha chiamato sconvolto perché ha avuto un guasto al servizio Internet.

-È la goccia che fa traboccare il vaso quando non risolvete nulla", dice l'uomo al telefono, chiaramente infastidito. Dovrei farmi detrarre i soldi dalla prossima bolletta.

-Farò tutto il possibile per aiutarlo", dice Jean.

-È quello che mi dicono da quasi una settimana", risponde il cliente, che sembra sempre più offuscato.

Passano circa cinque minuti. Dopo aver atteso sulla linea telefonica, con una musica ripetitiva, Jean dà finalmente una risposta al cliente. È riuscito a detrarre i giorni di guasto tecnico dalla prossima bolletta; inoltre, gli darà metà del costo della connessione, completamente gratis.

-Che ne pensi? -chiede.

-Beh, non è poi così male", dice il cliente e ringrazia.

Il suo capo, che controlla la chiamata dalla sede centrale, non dice nulla a Jean quando lo incontra. Gli dice semplicemente di impegnarsi di più la prossima volta.

Questo crea uno schema negativo nella mente di Jean, che lo demotiva a continuare a fare bene il suo lavoro. Se foste Jean, non vi sentireste poco stimolati nel vostro lavoro, sia dal cliente che dal vostro capo?

Le parole e i gesti negativi hanno una connotazione negativa. Se si ripetono, si crea un modello di negatività e quindi di tossicità. È una trappola da cui fuggire in fretta.

5.6 Modifica dei modelli di credenza

Le credenze ci inducono a vedere il mondo in un modo caratteristico; una volta che ciò è avvenuto, è molto difficile annullare lo stampo che abbiamo creato su qualcosa o qualcuno. Una volta stabilita una convinzione, avviene qualcosa di simile alla personalizzazione di un dispositivo: i nostri pensieri si organizzano in modo tale da tendere sempre ad avere una ricorrenza intorno a quell'idea. C'è una tendenza nella mente a condizionare o a vedere qualcosa da un solo punto di vista. È molto difficile cambiare questa idea, ma non è impossibile con l'aiuto di un terapeuta.

Quando qualcuno ha un'idea, per esempio come Jean nel suo lavoro, in cui non ha percepito alcun feedback, né dai clienti né dal suo capo, i suoi pensieri tendono a essere negativi o tossici sul suo lavoro. Questo crea un circolo vizioso di sensazioni che fanno sentire a disagio. Se non si esce da questa tendenza a pensare che tutto ciò che si fa non venga riconosciuto, si può cadere in un circolo vizioso che porta a una forte depressione.

Le personalità della triade nera lo sanno bene ed è proprio per questo che fanno ciò che fanno. Sanno di minare la vostra autostima quando non riconoscono che state facendo bene. Piantando il seme dell'insicurezza nella vostra mente, aprite la porta alla depressione e a tutta la negatività che i pensieri tossici portano con sé.

È come impostare sempre il tema del desktop del computer sul nero. Può piacervi e sentirvi a vostro agio, ma non è il massimo per voi. Dovreste pensare a un'impostazione diversa, con toni più vivaci e colorati.

Questi sono i pensieri. Se Jean continua a torturarsi perché il suo capo o i suoi clienti non lo riconoscono come un
buon lavoratore, sarà condizionato dal fatto che ha bisogno
di quel feedback per sentirsi bene con il suo lavoro. Avrà
bisogno di essere convalidato. Queste persone, che hanno
sempre bisogno di ricevere lusinghe dagli altri, sono quelle
che cadono più rapidamente in problemi di ansia e depressione.

Il cervello umano si adatta alle situazioni per lui preve-
dibili in passato. In questo modo, possiamo stabilire relazioni con nuove persone o situazioni. Quando qualcosa non
accade come ci aspettiamo, c'è sempre una specie di demone
che ci parla nell'orecchio per incolparci.

Se ciò accade, la cosa da fare è non prestare attenzione.
Non flagellarsi quando le cose non vanno come ci si aspetta
e, soprattutto, non ascoltare le critiche negative gratuite,
cioè quelle che sappiamo essere cariche di tossicità o che
provengono sempre dalla stessa persona che vuole farci del
male.

CAPITOLO 6: INTELLIGENZA EMOTIVA

6.1 Cos'è l'intelligenza emotiva

El termine intelligenza emotiva è uno dei termini più citati nel campo della ricerca della psicologia moderna. Il termine EI (Emotional Intelligence) potrebbe essere definito in breve come la capacità di saper gestire bene le emozioni, riducendo i fattori che generano stress, conflitti con altre persone ed evitando la discordia. La maggior parte dei conflitti che viviamo nella nostra vita ha a che fare con le emozioni. L'intolleranza, la mancanza di autogestione delle emozioni, porta a scontri, discussioni e litigi in tutti gli ambiti della vita.

Sebbene la maggior parte dei tipi di intelligenza, come imparare a suonare uno strumento e a leggere la musica, siano talvolta innati e facciano parte del pacchetto genetico di ogni persona, nel caso dell'EI queste abilità devono essere apprese per gestire al meglio le emozioni.

Sebbene lo sviluppo e l'evoluzione del nostro cervello ci abbia posto in una posizione di preminenza rispetto al resto della specie, per molti esperti, come sociologi e biologi, le emozioni svolgono un ruolo molto importante nel progresso della civiltà umana. Dopo tutto, siamo animali gregari, come i delfini, gli scimpanzé, i lupi e altre specie.

La ragione potrebbe essere paragonata al cocchiere che, ben agghindato con un frustino, prende il cavallo per le redini, ma sono le emozioni rappresentata dal cavallo a muovere l'intera carrozza, compreso il cocchiere stesso. Ciò che determina ogni tipo di rapporto con i membri della nostra specie umana, anche se ci vantiamo di essere meno animali dei primati perché abbiamo l'uso della ragione, sono le emozioni e il modo in cui le gestiamo.

Anche se viviamo in un mondo con strutture sempre più grandi per comunicare, svolgere compiti, costruire grandi grattacieli, navette spaziali che ci portano nella stratosfera e robot che attraversano lo spazio per andare su altri pianeti per campionamenti, ricerche e ritorno sicuro, nel profondo siamo ancora emotivi come gli antenati che hanno affrontato mammut e tigri dai denti a sciabola.

Psicopatici, manipolatori, narcisisti e machiavellici si comportano, come detto all'inizio del libro, allo stesso modo dei grandi predatori, reprimendo il più possibile le emozioni o giocando con esse per ottenere il meglio dalle loro vittime. L'intelligenza emotiva mira ad affrontare questi predatori emotivi all'interno delle nostre società, utilizzando le capacità della ragione per gestire le emozioni e gli impulsi più profondi del nostro cervello rettiliano.

6.2 Utilizzare l'intelligenza emotiva per contrastare la psicologia del buio

La maggior parte dei traumi e dei problemi emotivi dell'età adulta hanno origine nell'infanzia. Ciò può essere dovuto a una cattiva gestione dell'IE durante questa fase cruciale dello sviluppo della personalità e del carattere di una persona. Fortunatamente oggi esistono diversi modi per cercare di superare i traumi attraverso la terapia. Tuttavia, i traumi che si verificano in età adulta sono spesso insormontabili per molte persone. Affrontare i poteri negativi e tossici delle persone della triade nera è qualcosa che logora la resilienza emotiva di chiunque.

Vedere che gli sforzi fatti non sono sufficienti e che l'unica cosa che si riceve in cambio sono maltrattamenti, manipolazioni, bugie, inganni, sfruttamento, ecc. porta le vittime della triade nera in una valle di dolore, depressione e angoscia, dalla quale, purtroppo, non tutte le vittime riescono a uscire.

Le statistiche sulla felicità coniugale sono più pessimistiche oggi di quanto non fossero negli anni Cinquanta e Settanta del XX secolo. L'ascesa dell'individualismo ha portato a mettere in frigorifero i sentimenti, l'impegno e la fedeltà invece della stabilità affettiva e della costruzione di un progetto comune. Tuttavia, non è solo nella sfera sentimentale del matrimonio o delle relazioni affettive che si manifesta la mancanza di empatia da parte di una personalità della triade nera.

Al giorno d'oggi è comune sentire di casi di abuso sul lavoro. La competitività, la crescente mancanza di opportunità di lavoro e altri fenomeni economici e sociali mettono le persone in condizione di esercitare il proprio potere sui subordinati, approfittandone per far emergere il proprio lato della triade nera.

Capi che maltrattano i loro subordinati, colleghi che cercano di spingere i loro colleghi fuori strada per prendere il posto di questi ultimi, bugie, strategie di gaslighting, umiliazioni pubbliche, discriminazioni e così via. È uno scenario sempre più comune nella maggior parte delle aziende grandi e piccole.

Conoscere le basi dell'Intelligenza emotiva consente di elaborare strategie per contrastare i piani del manipolatore; offre, inoltre,un grande vantaggio alla vittima, che può difendersi e uscire da un incontro devastante con un manipolatore, narcisista, psicopatico o machiavellico il meno emotivamente ferito possibile. Imparare a identificare queste personalità della triade nera è essenziale per la vittima per evitare di essere coinvolta nel tipo di relazione traumatica che deriva dall'avere a che fare con loro.

Imparare a gestire le critiche:

Le critiche possono essere positive o negative. A seconda dell'obiettivo, può essere devastante per chi la riceve. Non tutte le persone accettano le critiche allo stesso modo. Questo accade spesso quando, nel bel mezzo di un'interazione con una personalità nera, questa tira fuori tutte le sue armi.

"Emily era un account executive in una società di sviluppo di videogiochi. Frank, il suo capo, il vicepresidente esecutivo, era solito essere molto critico e non si faceva scrupoli a dire quello che pensava. Durante una riunione di presentazione di un progetto da parte di Emily, mentre lei cercava di dimostrare che lo sviluppo del suo prodotto aveva un futuro promettente nell'agguerrito mercato, Frank la interruppe:

-Mi sembra che quella che ci state presentando non sia ancora una bozza finale", disse Frank con aria sprezzante;

"questa sembra più una bozza di una bozza, se la mettiamo sul mercato, la concorrenza ci farà a pezzi e ci leccherà i baffi".

"Emily è andata su tutte le furie e ha terminato la sua presentazione sentendosi totalmente umiliata. Si è chiusa nel bagno dell'ufficio per piangere. Quando è uscita, aveva gli occhi rossi e gonfi. Le sue emozioni sono rimaste al limite per almeno una settimana. Si è depressa, ha iniziato a trasgredire la dieta e ha mangiato diversi litri di gelato nei fine settimana successivi.

"Due settimane dopo, Frank mandò a chiamare Emily nel suo ufficio. Accanto a lei c'era l'amministratore delegato di una delle aziende più importanti del mondo.

-Avevi bisogno di me per qualcosa, Frank", ha risposto Emily con tono altezzoso, "Dalla presentazione del mio progetto è emerso chiaramente che non ho motivo di stare qui. Sto approfittando del fatto che il nostro amministratore delegato è qui per consegnare la mia lettera di dimissioni.

Steven, l'amministratore delegato dell'azienda, indicò a Emily la poltrona di fronte alla scrivania. La invitò a unirsi a loro per la proiezione. Emily si girò sulla sedia per guardare il monitor. Fu sorpresa di vedere il suo progetto, lo stesso che Frank aveva messo in ridicolo.

-Emily, sei una delle migliori designer che abbiamo e non ti lasceremo andare", disse Frank. Volevo scusarmi con Steven, forse perché non sapevo come esprimermi nel modo migliore, non sono bravo con le critiche. Sono troppo perfezionista e mi scuso.

144

Il progetto di Emily è stato messo sotto esame e riesposto, finché gli errori non sono stati corretti. Quando è stato pubblicato, è stato uno dei giochi di maggior successo dell'anno. Dopo questo successo, Emily è ora responsabile dello sviluppo presso una multinazionale di videogiochi".

Capire quando una critica è solo tale e non un meccanismo che distrugge l'autostima è una delle abilità che permettono l'EI. Le persone empatiche tendono a riconoscere quando sbagliano o falliscono; la personalità della triade nera, invece, non si pente di aver detto o fatto qualcosa: semplicemente non le importa di aver causato un danno. Rimanere sulla difensiva, senza rispondere agli attacchi che cercano di minare la nostra autostima, è un modo efficace di difendersi utilizzando l'intelligenza emotiva.

Evitare argomenti o fallacie

Una delle principali armi delle personalità oscure durante un dibattito o una discussione è l'attacco o fallacia ad hominem. Questa consiste, in retorica, principalmente nell'attaccare non l'argomento o l'idea, ma la persona che la afferma:

"Durante una riunione del comitato editoriale di un importante quotidiano, sul perché un titolo fosse più adatto ad attirare l'attenzione, Andrew, uno dei redattori suggerì di fare un'allusione alla caduta del governo di sinistra.

-Nulla ci si può aspettare da te", ha risposto Jason, un altro redattore, "se porti quei baffetti come il tuo idolo fascista di destra.

Questo è un esempio di commento o critica ad hominem che mira a distruggere la nostra autostima, senza altro scopo che quello di mostrare i denti. Non ha nulla a che vedere con il titolo di una notizia per renderla più accattivante con l'aspetto di Andrew o con la sua presunta ideologia politica di destra.

Le personalità della triade nera tendono a essere spietate, umiliando ed esponendo coloro che considerano inferiori. Perciò siate sempre sinceri quando fate complimenti o ricevete critiche. È anche importante che ciò avvenga in privato e non in pubblico. Cercare di mettere a tacere la persona che sta cercando di smascherarvi in pubblico dicendole le cose in privato è una strategia che non fallisce mai, perché sappiamo che le personalità di questi individui sono molto fragili; quasi tutti questi personaggi sono incapaci di ammettere i propri errori o di alzarsi in piedi in pubblico per sostenere ciò che hanno detto. Quindi, sfruttando questo tallone d'Achille, potete approfittare per ripagarli con la stessa moneta e dimostrare che non avete paura di loro.

Essere tolleranti

Oggi è più difficile prendere posizione di fronte a una collettività, poiché sempre più personaggi della triade nera si nascondono dietro una politica progressista e democratica. Se qualcuno cerca di molestarvi perché non siete d'accordo con quello che pensa la maggioranza o questo o quel partito o movimento politico, mostratevi tolleranti e non lasciatevi provocare.

6.3 Le 10 tecniche per migliorare l'intelligenza emotiva

1. Siate positivi:

Il pensiero positivo si rivela sempre l'arma più detestata da coloro che vogliono vedervi in una situazione di depressione o di malumore. Mantenete sempre un atteggiamento ottimista, anche se sembra che tutto stia andando a rotoli. Secondo una ricerca scientifica, le persone ottimiste hanno un'incidenza molto più bassa di attacchi di cuore o problemi simili. Un buon atteggiamento nei confronti della vita migliora il sistema immunitario e ci rende più resistenti a microbi e virus. Quando una personalità della triade nera vi dice qualcosa di negativo, potete semplicemente ignorarla o dirle "buona giornata".

2. Circondarsi di una cerchia di amici:

Gli amici sono il tipo di famiglia che scegliamo. Gli amici ci fanno dimenticare i momenti peggiori. Sentiamo sempre il loro sostegno quando ne abbiamo più bisogno. Sono anche una terapia che ci aiuta a mantenere l'ottimismo. Non dovremmo mai smettere di contare su un amico per raccontargli le nostre paure, chiedergli consiglio o aiuto. Le personalità della triade nera ci impediscono sempre di allontanarci dai nostri amici per avere un controllo totale sulle nostre emozioni.

3. Avere una certa tolleranza per la frustrazione:

Una delle cose più difficili da gestire nel nostro tempo è la tolleranza alla frustrazione. Nella società odierna, che richiede sempre più attitudini per superare la competizione lavorativa e accademica, accettare di essere stati sconfitti o che i nostri desideri non siano stati realizzati può essere frustrante, tanto da far precipitare molte persone nella depressione, soprattutto gli adolescenti e i giovani che iniziano ad affrontare la vita. È importante tenere presente che tutti, prima o poi, avranno l'opportunità di far conoscere le proprie capacità e di essere riconosciuti per esse. La pazienza e la disciplina sono molto importanti per contrastare la crescente mancanza di tolleranza nel vedere frustrati i propri desideri.

4. Consapevolezza di sé:

Per iniziare a controllare le emozioni e le idee, è necessario conoscere meglio se stessi. L'ascolto del corpo e della mente aiuterà a gestire le emozioni che possono essere scatenate dagli eventi quotidiani. Avere il controllo delle emozioni, dell'emotività, dell'eccitazione e della gioia, ma soprattutto delle emozioni negative, ascoltando ciò che si prova in quel momento, è una delle chiavi per avere una migliore intelligenza emotiva.

5. Dare importanza agli altri:

Le grandi città ci hanno trasformato in persone sempre più chiuse in se stesse. Non ci prendiamo il tempo di conoscere i nostri vicini o i colleghi di lavoro con cui condividiamo gran parte delle ore della giornata. L'abbraccio è un gesto che oggi è praticamente dimenticato. Riconoscere negli altri una parte di noi stessi è essenziale per iniziare ad avere più empatia e, di conseguenza, intelligenza emotiva.

148

Dedicare cinque minuti del nostro tempo a parlare e ad ascoltare gli altri fa parte della terapia emotiva integrale.

6. Riflettere prima di fare:

L'impulsività è una delle trappole in cui cadiamo. Ci lasciamo trasportare da ciò che sentiamo al momento, senza fermarci a pensare prima: cosa sto per fare? Perché lo sto facendo? Respirare nel bel mezzo di una discussione accesa, prendersi il tempo necessario prima di pronunciare la parola che può far degenerare il confronto, può fare la differenza tra uno scambio di parole e un incidente grave. Pensare, ascoltare le emozioni ci fa sentire meglio con noi stessi e non dobbiamo rimproverarci per quello che abbiamo fatto.

7. Motivare noi stessi e gli altri:

L'auto motivazione è uno strumento molto utile. Per andare avanti, non abbiamo solo bisogno che gli altri ci riconoscano, ma dobbiamo prima riconoscere noi stessi. Questa è la chiave. L'autostima e l'auto motivazione ci rendono sicuri di ciò che facciamo, senza dover cercare la convalida degli altri. Come ci aspettiamo di essere riconosciuti per gli sforzi che facciamo ogni giorno, così abbiamo bisogno di essere riconosciuti dagli altri: "Hai fatto bene" è quello che dovremmo dire e che vogliamo sentire.

8. Risolvere i conflitti attraverso il dialogo:

La risoluzione dei conflitti passa prima per la mente, ma la maggior parte delle persone sceglie di cercare una via d'uscita che, sebbene sembri più facile, si rivela la più complessa. La mente deve essere il filtro di tutte le azioni; pensare per un attimo alle conseguenze della violenza può convincerci a commettere una follia. Il dialogo sarà sempre il modo migliore per discutere, trovare soluzioni e risolvere un problema, per quanto complesso possa sembrare.

9. Fate notare gli aspetti negativi in modo assertivo:

Quando si fa una valutazione o una critica, la tentazione di evidenziare solo il male e ignorare il bene è ciò che causa la tensione nei rapporti umani. Mettere in evidenza i difetti di una persona non significa sminuirla o disprezzarla, ma affrontare la questione con obiettività. Dire le cose senza offendere la persona che critichiamo gratuitamente, cioè per il concetto che abbiamo di quella persona o per le sue idee, significa essere assertivi e rispettosi.

10. Identificare le emozioni:

Quando identifichiamo le emozioni, possiamo gestirle molto più facilmente rispetto a quando le ignoriamo e ci rifiutiamo di riconoscerle. Sviluppando la capacità di affrontare le emozioni positive, ma soprattutto quelle negative, impariamo ad autogestire le nostre risposte, diventando persone molto più equilibrate. Fare una tabella con le osservazioni su come ci sentiamo rispetto a un determinato evento o fatto, ci permette di valutare il motivo di quella risposta emotiva: perché reagisco in quel modo? Cosa posso fare per contrastare quella risposta? Saper gestire la rabbia, la collera, la frustrazione, la gelosia, ecc. con il supporto di un terapeuta può aiutarci a migliorare la nostra intelligenza emotiva.

6.4 L'intelligenza emotiva per riadattare la mente dopo un trauma

Una volta rimossa la personalità tossica dell'abusante e del manipolatore, la mente della vittima viene lacerata. Questo impatto emotivo produce una serie di cambiamenti nel modo di percepire il mondo. Niente è più lo stesso, pensa la vittima, e sente di aver perso qualcosa nel suo spirito. Non per niente molti esperti definiscono questo abuso emotivo come un parallelo allo stupro fisico. Il compito dell'abusatore emotivo, del predatore psicologico, è proprio questo: ottenere dalla sua preda le risorse emotive, psichiche ed energetiche della persona che ha scelto da un mazzo di carte.

L'infanzia è una delle fasi più influenti della vita di un essere umano. Quando un bambino subisce abusi, non solo fisici ma anche psicologici, il suo cervello cambia. I neuroni specchio sono un meccanismo attraverso il quale ci sentiamo identificati, in quanto mammiferi con un sistema nervoso altamente complesso, di fronte all'empatia, al rifiuto, all'aggressività, all'affetto e all'intero spettro emotivo che ci portiamo dietro dal momento in cui veniamo al mondo.

Dopo una serie di ripetute aggressioni, è stato dimostrato che il cervello del bambino diventa meno empatico: cioè non rifiuta più istintivamente l'aggressività, le urla, i colpi, ecc. ma si identifica con questi comportamenti come un modo di comunicare con l'ambiente. Molti psicopatici, sociopatici, narcisisti, machiavellici e altre personalità della triade nera hanno originato il loro comportamento da queste esperienze traumatiche durante l'infanzia.

Il compito dell'intelligenza emotiva e di altre risorse terapeutiche psicologiche è quello di riadattare la mente dopo questi episodi dolorosi che causano tanti danni. Chi è stato vittima o testimone di eventi atroci come stragi, assassinii o qualsiasi altro tipo di atti violenti, rimane con la mente segnata dalla spirale di sangue e morte di cui è stato testimone; l'eco costante di quegli eventi si ripete nella sua mente, come se li stesse rivivendo in ogni momento, soprattutto quando torna nel luogo in cui sono accaduti.

Lo stesso accade quando qualcuno è stato vittima delle azioni di un manipolatore. Queste persone rivivono questi eventi con oggetti che ricordano loro il manipolatore e l'abusatore, quando vanno nei luoghi in cui erano con loro, quando mangiano lo stesso cibo che hanno assaggiato con queste personalità predatorie, e così via. A volte questi traumi non li assalgono solo durante la veglia, ma anche durante il sonno: gli incubi con gli autori sono spesso ripetitivi e con uno schema che diventa ciclico e tortuoso.

Il Disturbo Post-Traumatico da Stress (PTSD) fa sì che la vittima riviva nella propria mente, in presenza di un qualsiasi fattore scatenante, come un suono, un'immagine, un luogo, ecc. la propria esperienza vissuta, come se fosse un sigillo inciso sulla pelle dal fuoco. Letteralmente, ci sono cicatrici che sono nella mente. Il processo di riadattamento dopo un trauma non è facile, ma con la collaborazione del paziente e un intenso lavoro è possibile alleviare i sintomi che esso comporta.

Il riadattamento attraverso l'intelligenza emotiva, dopo questi traumi nelle relazioni con le personalità della triade nera, inizia con il superamento di quella che gli esperti di

152

psicologia chiamano paura condizionata. Questa consiste essenzialmente nel fatto che la mente della vittima è sempre alla ricerca di un'associazione con il trauma subìto, che può manifestarsi in qualsiasi fattore scatenante che non sia direttamente collegato all'evento. Ciò significa che la vittima non riesce più a godersi la vita come prima, la sua visione del mondo diventa cupa e pessimista: è caduta in un baratro di angoscia e depressione da cui fa sempre più fatica ad uscire.

Anche se a volte il danno emotivo ai circuiti cerebrali è molto potente, se il cervello viene riadattato attraverso una serie di esperienze ideali per riparare quelle connessioni nella corteccia danneggiate dal trauma, è possibile riabilitare il paziente. Il panico viene registrato nell'amigdala, quindi il trattamento deve essere effettuato a livello della regione corticale.

Nei pazienti bambini, lo strumento più potente per invertire gradualmente i danni causati dalla TDEP è il gioco; negli adulti, come le persone che hanno assistito a omicidi, guerre e altri eventi simili, il cervello ha un meccanismo per bloccare emotivamente gli schemi che ricordano il trauma.

Una delle forme più potenti di terapia, concordano gli esperti, è la creazione artistica. La scrittura è una forma di terapia che permette all'amigdala di ripulire o riadattare i ricordi traumatici, rielaborandoli attraverso racconti, scritti, diari e altri esercizi letterari; anche la pittura o la musica hanno effetti terapeutici, che devono essere definiti dall'esperto, dato che ogni caso è particolare e unico; quindi, non può esistere una ricetta che funzioni per tutti i pazienti.

L'arte ha a che fare con le emozioni, quindi, attraverso questo meccanismo, il paziente rivive i ricordi, riuscendo a dare loro una nuova svolta con una reinterpretazione dal punto di vista estetico. La riabilitazione emotiva ha a che fare con il recupero della fiducia e della sicurezza nelle relazioni con gli altri; è fondamentale raggiungere la tranquillità necessaria per evitare episodi di ansia. La vittima deve reimparare alcune abilità di intelligenza emotiva, leggendo i sintomi derivati dal suo trauma TDEP come parte di un lungo processo di lutto.

Superare gradualmente l'impotenza e il senso di colpa che gli eventi che hanno portato al trauma hanno causato è un passo importante in termini di terapia. Uno degli effetti della TDEP è che rende molto più sensibile l'amigdala, il centro nevralgico delle paure che si annidano nel profondo del nostro cervello.

La terapia psicologica con attività creative, ludiche, di riadattamento emotivo, deve talvolta essere integrata con dosi di farmaci a seconda del paziente. Mantenere la calma, evitare le cose che scatenano l'ansia o l'angoscia, come la meditazione, lo yoga o le tecniche di rilassamento, può aiutare lentamente a reintegrarsi nei circoli sociali per riacquistare la fiducia negli altri.

Il processo di rievocazione del trauma e di ritorno ai dettagli permette all'amigdala cerebrale di riadattarsi alle emozioni in modo sano e razionale. Il processo di ricostruzione di tutti i dettagli dolorosi è fondamentale per il paziente per superare la valle del dolore. In ogni caso, dovrà essere accompagnato da un terapeuta esperto che conosca molto bene il suo caso. Tenere un diario dettagliato dei propri sentimenti e degli eventi legati agli atti che hanno generato il trauma è fondamentale per la riabilitazione emotiva della vittima.

6.5 Apprendimento emotivo come riabilitazione

Quando l'amigdala cerebrale rivive gli episodi che hanno prodotto il trauma, fanno la loro comparsa le stesse sensazioni che hanno colpito il nostro cervello. Questo genera una grande sofferenza nelle vittime, che ricadono continuamente in stati di disagio emotivo con urla, pianti, sofferenza, sensi di colpa, depressione e ansia. Tuttavia, la corteccia cerebrale, che è la parte più evoluta del nostro cervello, è lì per mettere ordine. Svolge il suo ruolo di gestione razionale dei sentimenti e quest'area è la principale responsabile della gestione delle emozioni in modo coerente e consistente; in altre parole, la corteccia cerebrale è quella che gestisce l'equilibrio sia delle emozioni che delle idee, che innesca l'amigdala quando tornano gli episodi traumatici.

Nonostante il sistema di emozioni di cui siamo dotati ci faccia ricordare puntualmente qualcosa, per associarlo in un modo o nell'altro, cioè sia in positivo che in negativo, queste emozioni, quando sono negative, non devono rimanere lì a torturare la nostra mente fino alla morte. L'apprendimento attraverso l'intelligenza emotiva permette alla neocorteccia di elaborare in modo diverso la tendenza dell'amigdala ad andare emotivamente fuori controllo. Sebbene non sia possibile eliminare le emozioni negative quando si presentano, come se stessimo premendo un pulsante di un dispositivo a nostro piacimento, ciò che è possibile fare, una

155

volta che siamo riusciti a procedere in una rieducazione terapeutica dell'intelligenza emotiva dopo un trauma, è assumere il controllo di quanto permettiamo all'amigdala di alterare il nostro comportamento.

Prendere il controllo delle emozioni è possibile, così come è possibile condizionare il comportamento di un animale. Pavlov lo scoprì con il suo famoso esperimento di condizionamento dei cani a salivare quando si accendeva una lampadina. Sebbene sia impossibile evitare che un ricordo, ad esempio, ci renda nostalgici o tristi, ciò che possiamo fare è gestirlo nel modo migliore, utilizzando la nostra corteccia cerebrale per farlo durare il meno possibile fino al punto in cui ci colpisce in modo così grave da prostrarci per ore o addirittura giorni.

La psicoterapia consiste nell'insegnare alla corteccia a gestire le emozioni scatenate dall'amigdala in modo che siano il meno drammatiche possibile. In quanto esseri sociali, abbiamo bisogno di avere contatti con altre persone nel corso della nostra vita. La psicoterapia permette, per quanto possibile, al paziente che si trova di fronte a quei ricordi che lo colpiscono e che scatenano una risposta emotiva, di gestirli riprendendo il controllo su questa marea di sentimenti ed emozioni che lo hanno precedentemente colpito.

Permette inoltre di controllare ciò che la corteccia vuole e non ciò che l'amigdala impone di fare: si tratta di un controllo molto maggiore sui propri fattori scatenanti e sulla propria reazione emotiva al trauma. Gradualmente, applicando le indicazioni del professionista, iniziando a conoscere e gestire meglio le proprie emozioni, il paziente potrà tornare ad avere relazioni sane e positive con le altre persone, senza la paura iniziale di ripetere le circostanze dolorose che hanno scatenato gli eventi che riportano alla mente i brutti ricordi.

Ogni volta che arriva l'idea o il pensiero legato al trauma, l'amigdala è pronta a rilasciare l'intero cocktail di sostanze neurochimiche che squilibrano il cervello. La terapia incentrata sull'intelligenza emotiva fa sì che la corteccia cerebrale disponga di un sistema di allarme precoce quando percepisce l'arrivo di un'ondata di emozioni negative. Con la ripetizione e il riadattamento della propria storia traumatica, attraverso strumenti terapeutici come la scrittura, l'animazione e la riassimilazione di quanto accaduto, la vittima delle personalità della triade nera sarà gradualmente in grado di gestire le emozioni dall'area corticale e non dall'amigdala, rendendo le proprie relazioni future molto più fruttuose e positive.

La terapia di riabilitazione dell'intelligenza emotiva per le vittime di manipolatori, abusatori e predatori della triade nera dovrebbe riqualificare il cervello per creare una risposta più sana, positiva e intelligente a come ci sentiamo quando gli altri hanno reazioni negative o tossiche nei nostri confronti.

CONCLUSIONE

A attraverso le pagine di questo libro, abbiamo imparato a conoscere la complessità e la profondità delle menti dei personaggi noti come la triade nera. Sappiamo di trovarci in un mondo sempre più competitivo, dove le emozioni, i valori, le idee e, soprattutto, le persone vengono usate da altri come parte di un gioco sporco in cui l'importante è ottenere ciò che si ha in mente senza alcun riguardo per l'altro. Negli ultimi anni sono quotidiane le testimonianze di vittime di psicopatici, narcisisti, machiavellici e manipolatori che hanno usato gli altri come semplici strumenti per soddisfare egoisticamente se stessi.

Ogni giorno, la vita quotidiana ci costringe a socializzare più che mai. Non viviamo in un mondo isolato: ogni giorno dobbiamo interagire con persone, non solo del nostro paese, ma di tutto il mondo. Questo ci rende molto più suscettibili alla triade nera degli psicopatici, dei narcisisti e dei machiavellici.

L'obiettivo principale di questo libro è mostrare come il fenomeno della manipolazione e la mentalità degli individui della triade nera abbiano come scopo principale quello di predare altre persone per ottenere ciò che vogliono dalle loro vittime. L'obiettivo di questo libro è mostrare con che tipo di persona il lettore ha a che fare nel suo lavoro, all'università, nel quartiere, nella cerchia di amici, o anche - e questo è uno schema che si ripete in modo più spaventoso - nel nucleo stesso della famiglia, dove si suppone che la fiducia e la sicurezza siano totali, è ciò di cui parlano le pagine di questo libro.

Fin dall'inizio, il lettore sarà in grado di capire come idee, pensieri e sentimenti si manifestano nel cervello di una persona che fa parte della triade nera. Per la scienza psicologica e la psichiatria, la psicopatia, il machiavellismo, il narcisismo e lo spettro delle personalità psicologiche oscure rappresentano un'anomalia per quanto riguarda la psicologia. Sebbene in passato la scienza si sia trovata di fronte a casi di persone che agivano con grande crudeltà e mancanza di empatia nei confronti degli altri, solo in tempi moderni, in cui la tecnologia, la medicina e la psicologia sono i principali pilastri di sostegno alla ricerca, è stato possibile determinare quali fattori rendono una persona parte della triade della personalità nera.

Dietro la maschera della bontà, della gentilezza, delle buone intenzioni, dell'empatia e del sentimentalismo si nascondono le personalità più inquietanti e disturbanti, quelle che chiunque rabbrividirebbe a conoscere i loro pensieri sugli altri. Gli psicopatici più pericolosi non si trovano solo nelle carceri e in altri istituti di pena: esistono anche negli ambienti più ordinari, come uffici, aule universitarie, scuole, quartieri, chiese e persino nei club sociali delle classi più istruite e ricche della società.

I disturbi di personalità della triade nera non sono confinati solo alle classi più emarginate della società o ai reparti psichiatrici: nelle pagine di questo libro abbiamo visto come manipolatori e psicopatici abbiano detenuto il potere su milioni di persone o conquistato la fiducia delle loro vittime innocenti e benintenzionate, portandole a perdere la vita a causa della loro ingenuità.

Il lettore imparerà come pensa lo psicopatico, cosa lo differenzia dalle persone empatiche o emotivamente sane e come difendersi dalle sue azioni distruttive. In questo libro troverete un manuale pratico per capire come e perché venite manipolati, come agire e cosa fare per uscire dal labirinto in cui vi ha lasciato la personalità nera che vi ha predato.

Va chiarito, innanzitutto, che questo libro non vuole essere un manuale che sostituisca l'autorità e le conoscenze degli esperti di sostegno emotivo (psicologi, psichiatri e terapeuti), ma semplicemente una guida alla comprensione di queste menti inquietanti che si annidano in ogni angolo della nostra vita.

Individuare il manipolatore in una relazione può prevenire gravi danni emotivi, persino traumi da cui potreste non essere in grado di riprendervi senza ricorrere a un consulente esperto. Allo stesso modo, conoscere le intenzioni di un potenziale partner commerciale può evitare che la vostra azienda o attività, in cui avete investito tanto tempo e sforzi, vada in bancarotta o che vi troviate in gravi guai legali, se riconoscete le avvisaglie e i comportamenti di una delle macabre personalità esposte in questo libro.

Che ogni pagina di questo libro sia una guida per muoversi con cautela nelle acque agitate in cui abbondano le personalità predatrici della triade nera: psicopatici, machiavellici, narcisisti e manipolatori che vedono gli altri come semplici prede in cui saziare i loro istinti di egoismo, crudeltà e mancanza di empatia.

PAGINA DELLE RISORSE

LIBRI CONSULTATI:

- *Leon Miller*. Psicologia nera e manipolazione. 2020.

- *Romilla Ready, Kate Burton, Xavier Guix (consulente)*. PNL for Dummies. 2008.

- *Daniel Goleman*. L'intelligenza emotiva, perché è più importante del QI.

- *Javier Luxor*. Il piccolo libro dell'influenza e della persuasione.

- *Steven Turner*. Psicologia nera. 2019.

- *Brad Wood*. La manipolazione, il santo graal della psicologia nera.

- Seth Gillihan. La terapia cognitivo-comportamentale resa semplice. 2018.

- *Robert Hare*. Senza coscienza.

- *Potere senza limiti: la nuova scienza dello sviluppo personale*. Anthony-Robbins

- *Da rospi a principi*. Richard Bandler e John Grinder

- *PNL for dummies* (Romilla Ready, Kate Burton, Xavier Guix)

- Il libro nero della persuasione. Alejandro llantada

- Il piccolo libro dell'influenza e della persuasione. Javier Luxor

- Emozioni distruttive. Daniel Goleman

- Terapia cognitivo-comportamentale: 10 strategie per gestire depressione, ansia e stress. Seth J.Gilihan

- Influenza La Psicologia Della Persuasione: La Psico logia Della Persuasione. Robert B. Cialdini

LINK:

- Richard E. Petty, John T. Cacioppo. IL MODELLO ELABO RAZIONE DI VEROSIMIGLIANZA DELLA PERSUA SIONE. Copyright 0 1986 by Academic Press. Inc. Pp 181.https://richardepetty.com/wp con tent/uploads/2019/01/1986-advances-pet tycacioppo.pdf

- Il Modello Psicobiologico di Personalità di Ey senck: una storia proiettata nel futuro. Schmidt,V.*,Firpo,L.,Vion,D.,DeCostaOliván,M. E., Casella,L., Cuenya,L,Blum,G.D.,andPedrón,V. https://revistapsicolo gia.org/index.php/revista/article/view/63/60

- Test di psicopatia di Hare. Test di psicopatia di Hare: https://www.psicologia-online.com/test-depsicopatia-de-robert-hare-3959.html